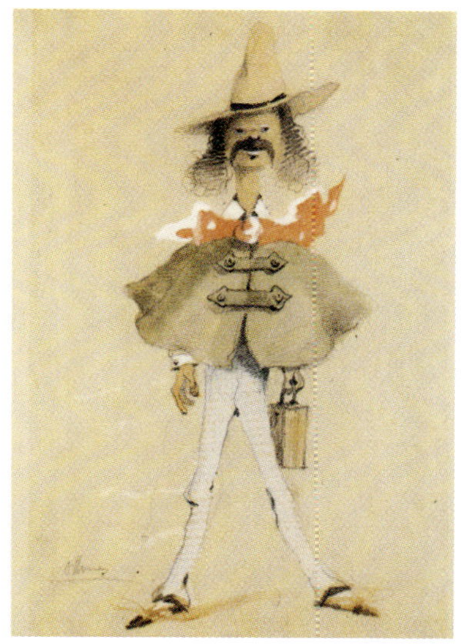

001. *The Painter with a Pointed Hat*, c. 1857

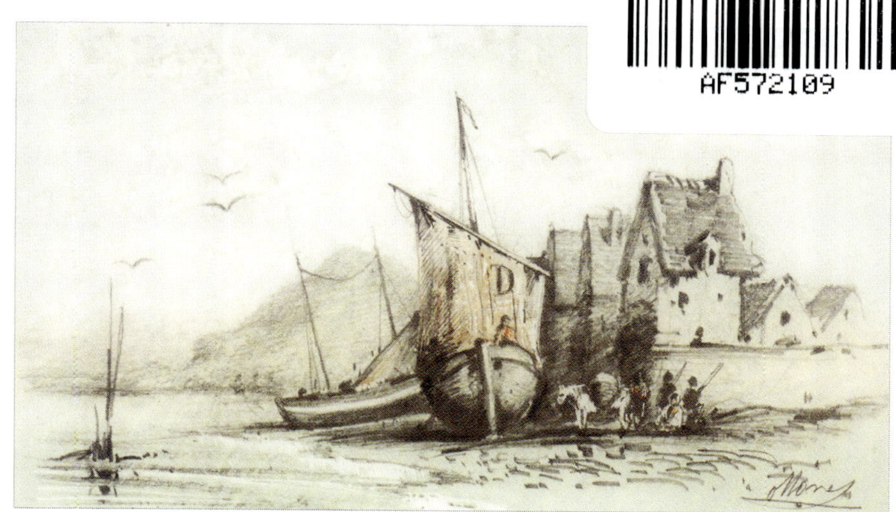

002. *The Old "Le Pollet" Quarter of Dieppe*, 1856–57

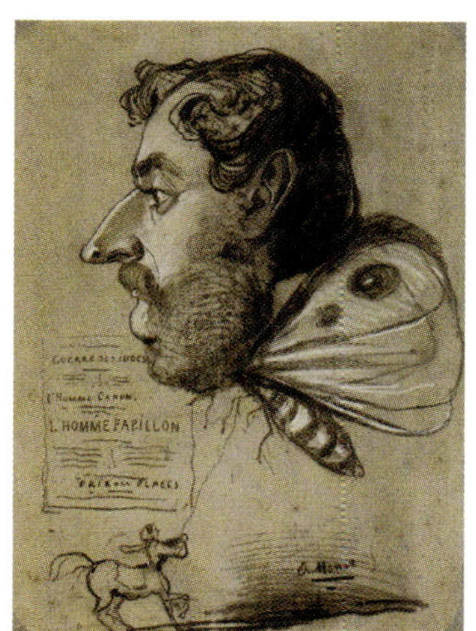

003. *Caricature of Jules Didier, "Butterfly Man,"* c. 1858

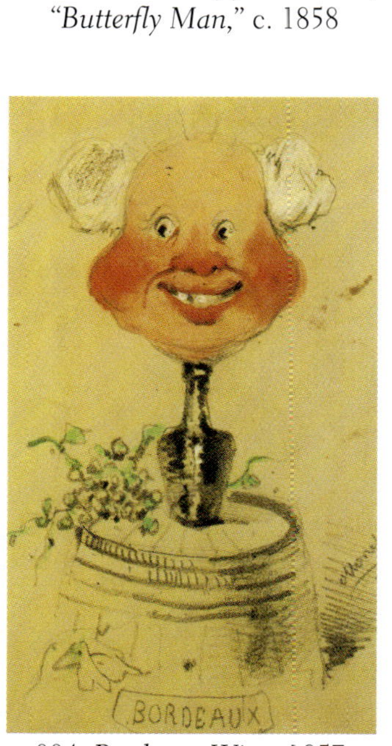

004. *Bordeaux Wine*, 1857

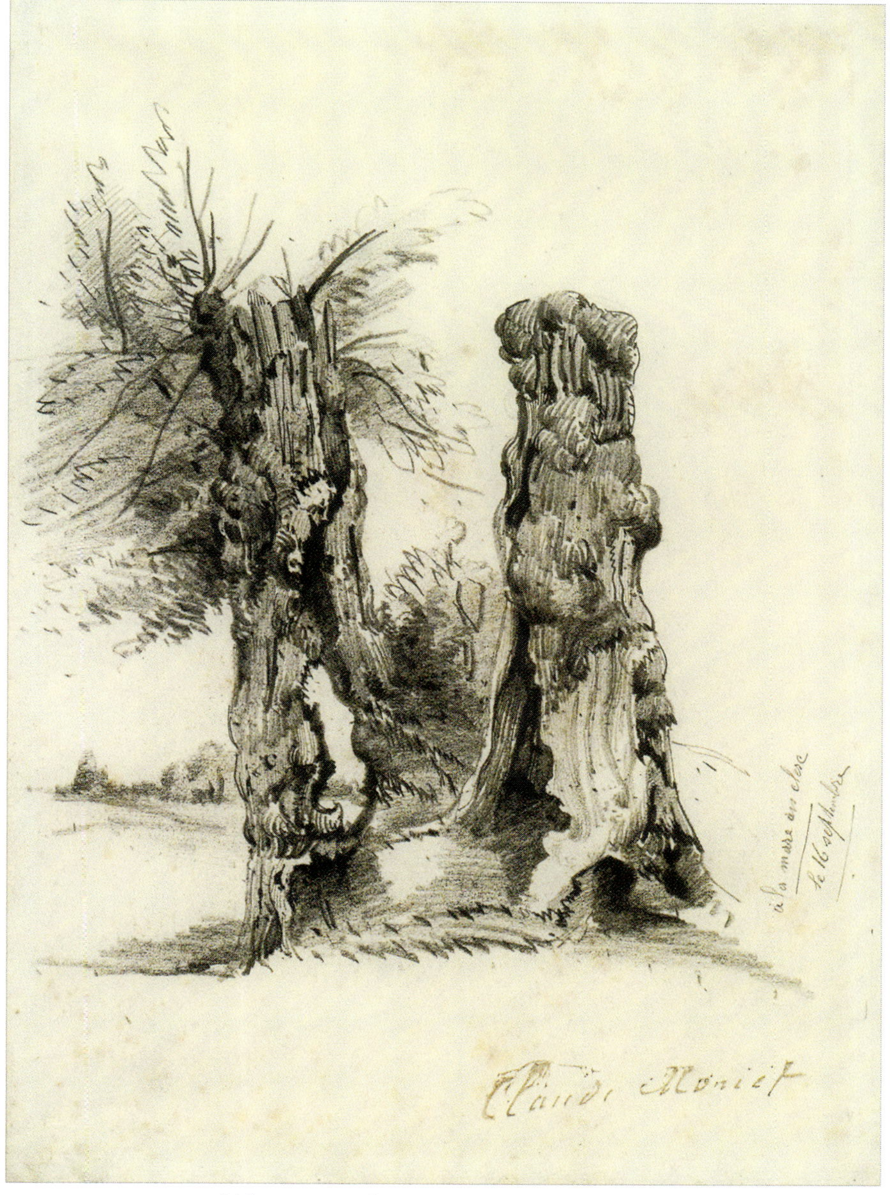

005. *Tree Trunks at La Mare au Clerc*, 1857

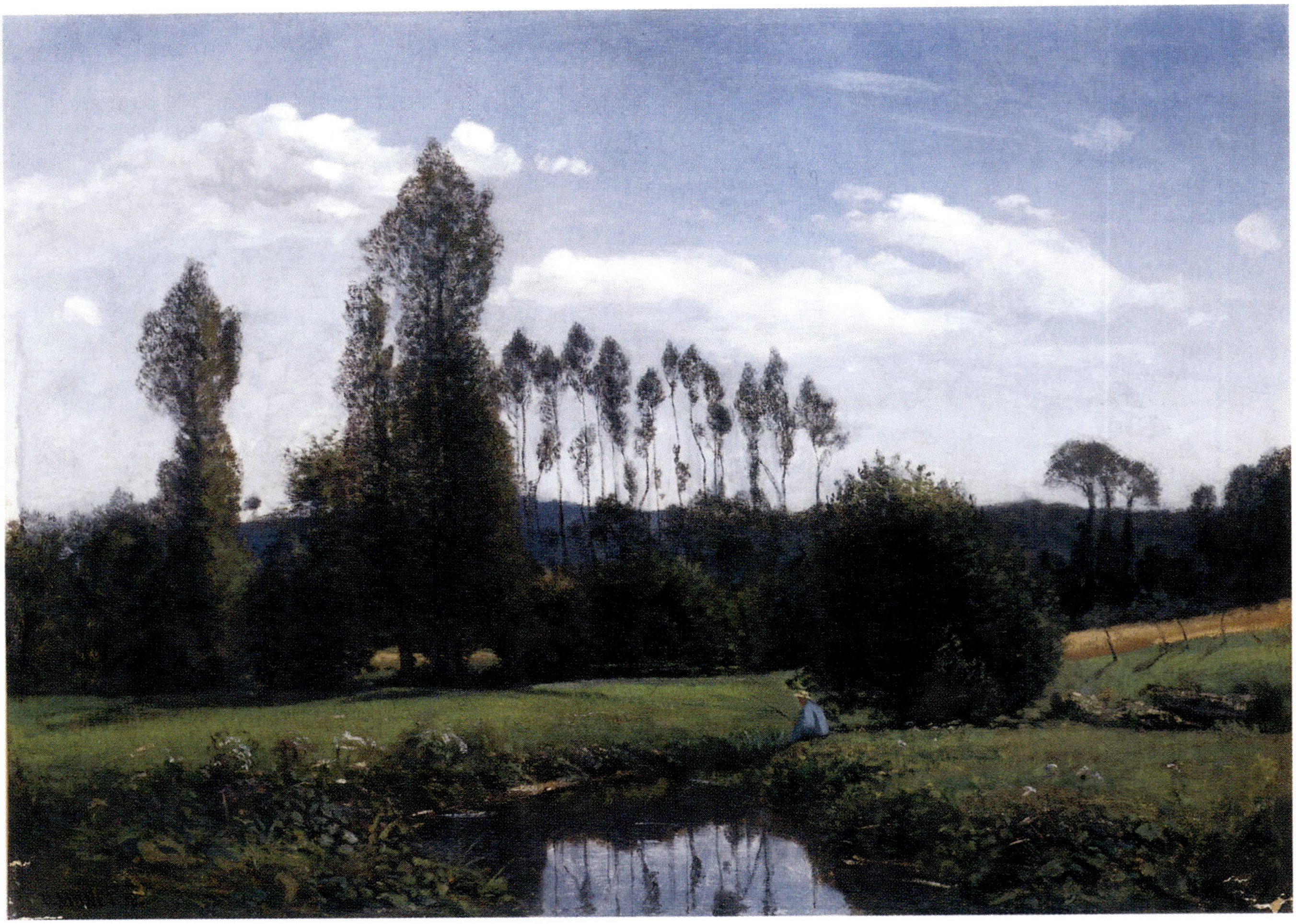

006. *View from Ruelles*, 1858

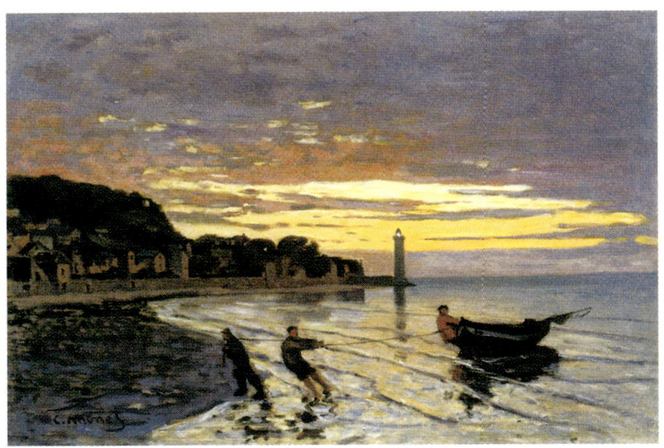

007. *Towing a Boat, Honfleur*, 1864

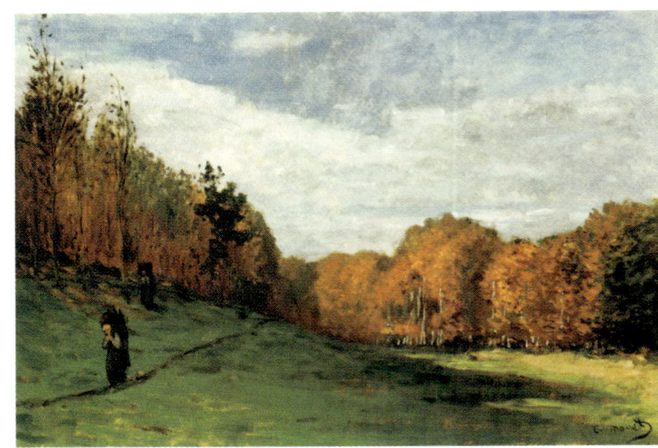

008. *Wood Gatherers at the Edge of the Forest*, c. 1863

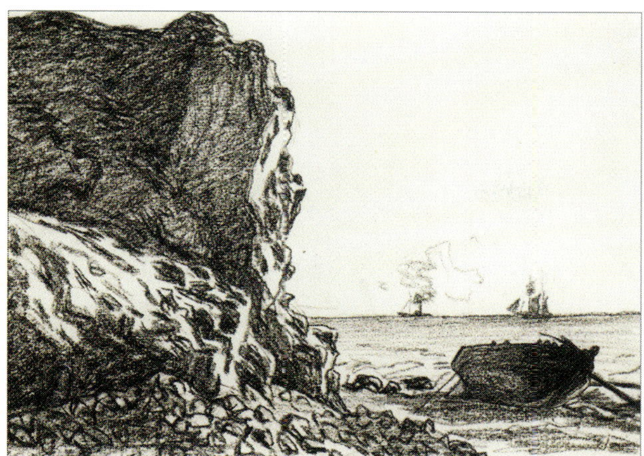

009. *Cliffs and Sea, Sainte-Adresse*, c. 1864

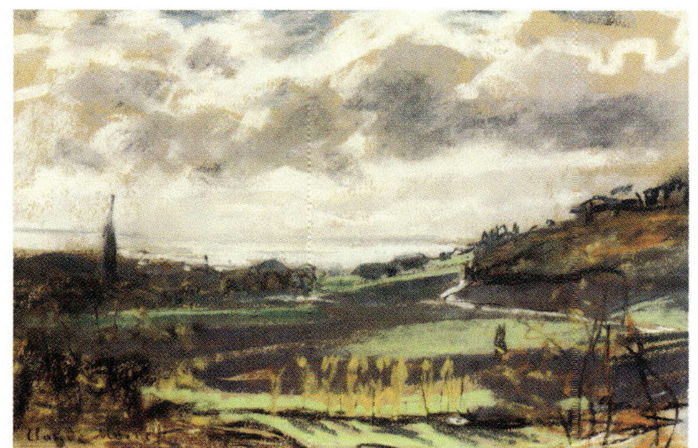

010. *The Seine Estuary*, c. 1864–70

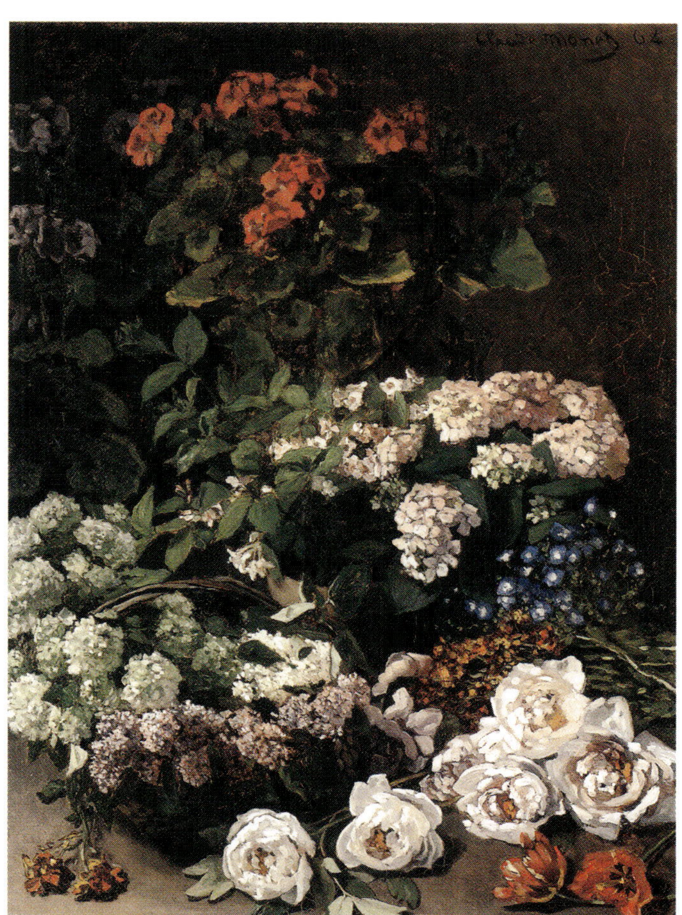

011. *Spring Flowers*, 1864

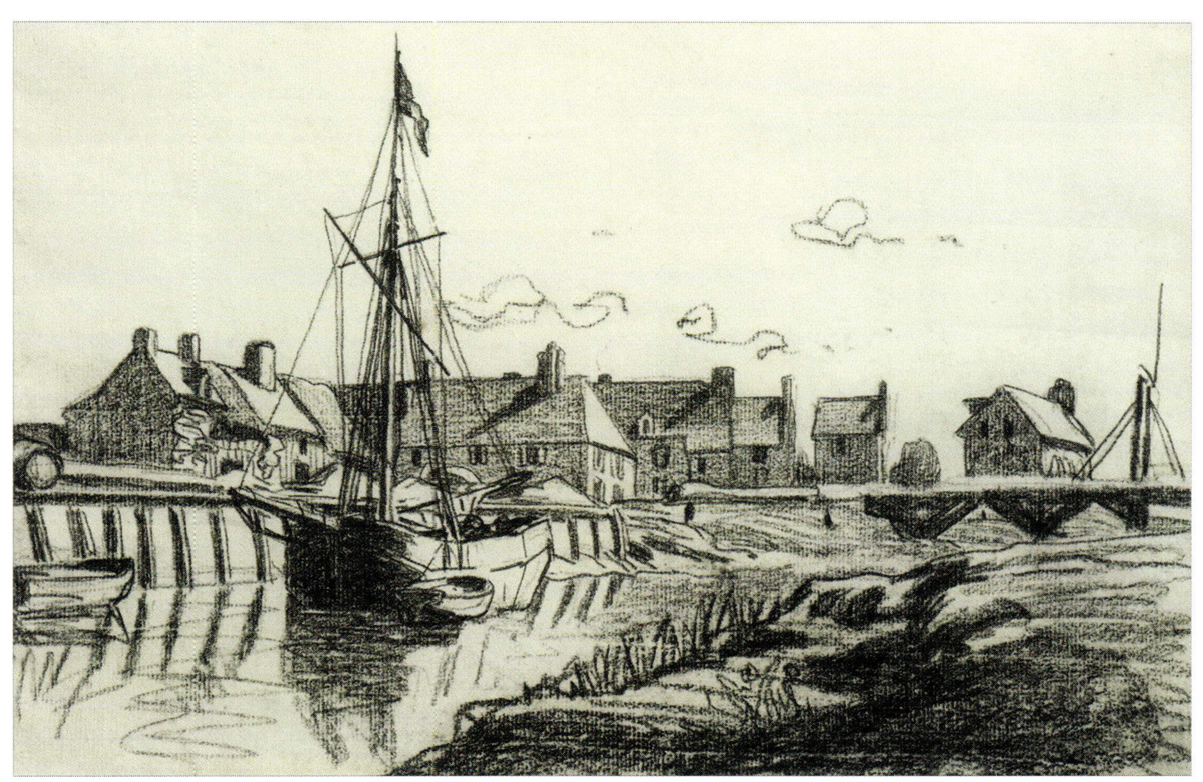

012. *The Port at Touques*, c. 1864

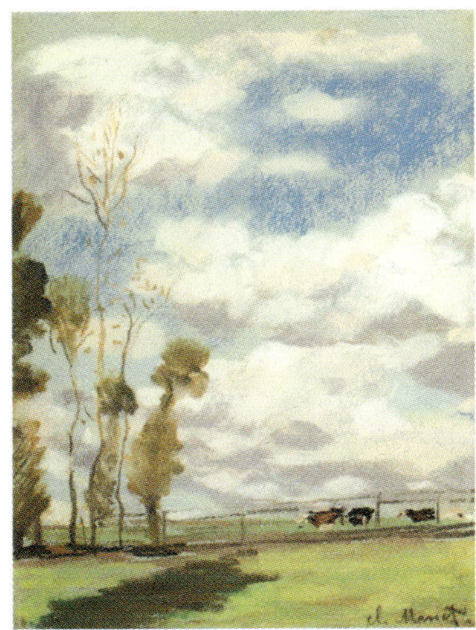

013. *Three Cows in a Pasture*, c. 1865–70

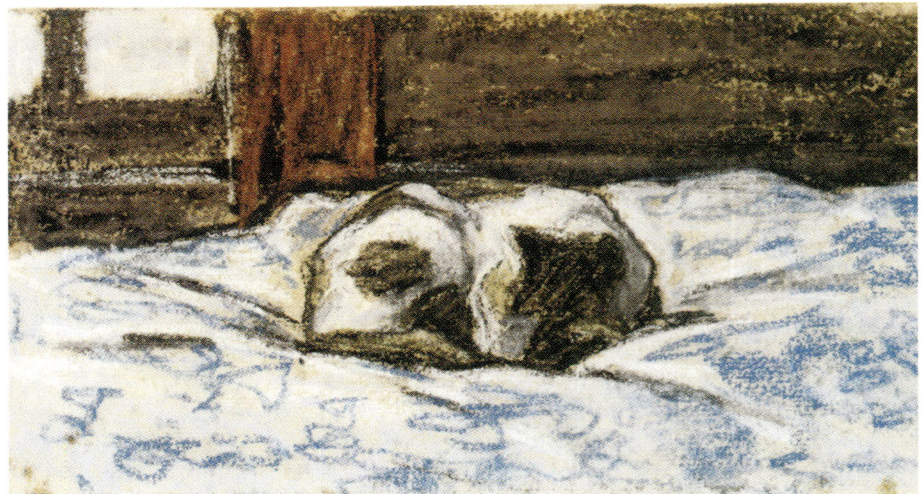

014. *Cat Sleeping on a Bed*, c. 1865–70

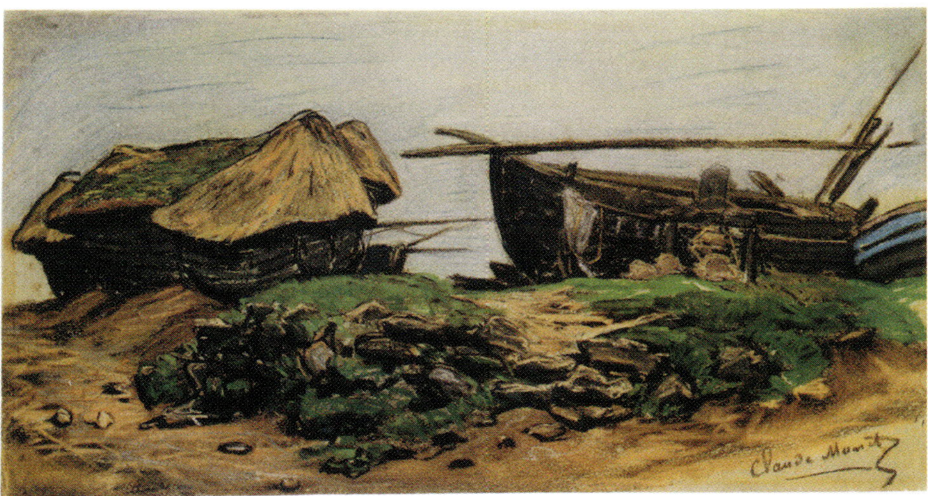

015. *Caloges and Boat at Étretat*, c. 1865–70

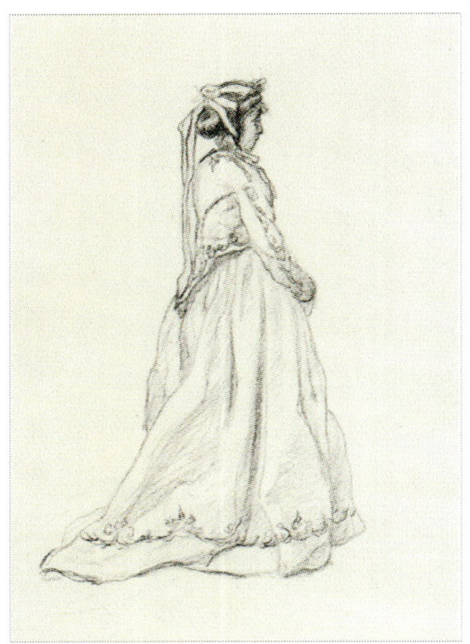

016. *Figure of a Woman (Camille)*, c. 1865

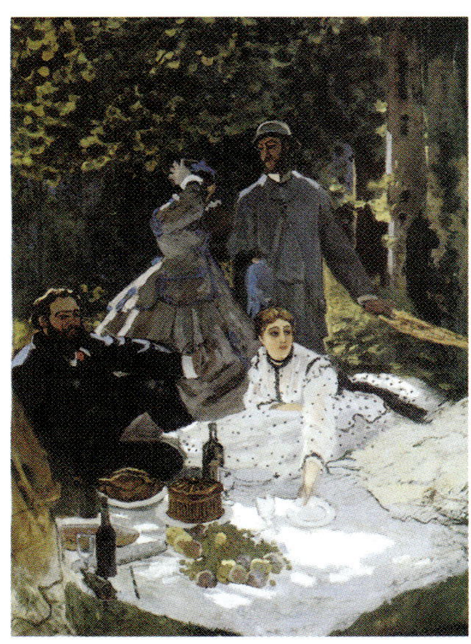

017. *Luncheon on the Grass*, Central Panel, 1865

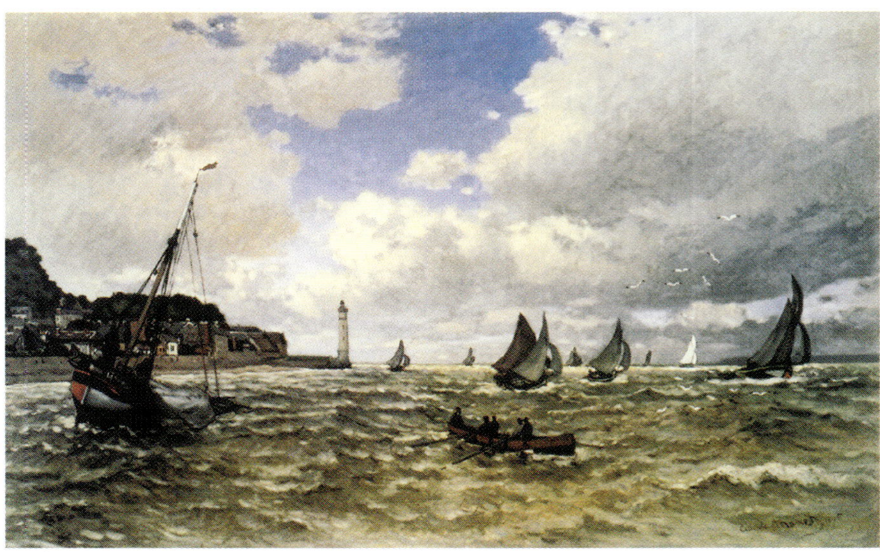

018. *Mouth of the Seine at Honfleur*, 1865

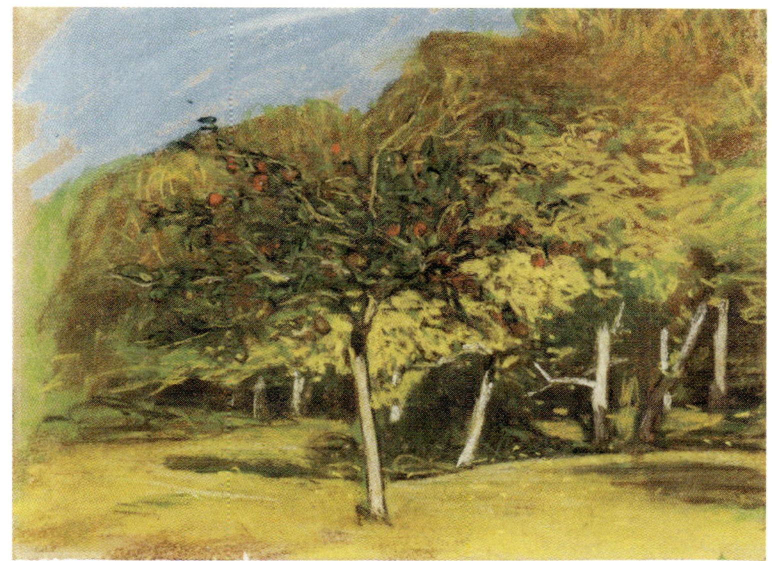

019. *Fruit Trees*, c. 1865–75

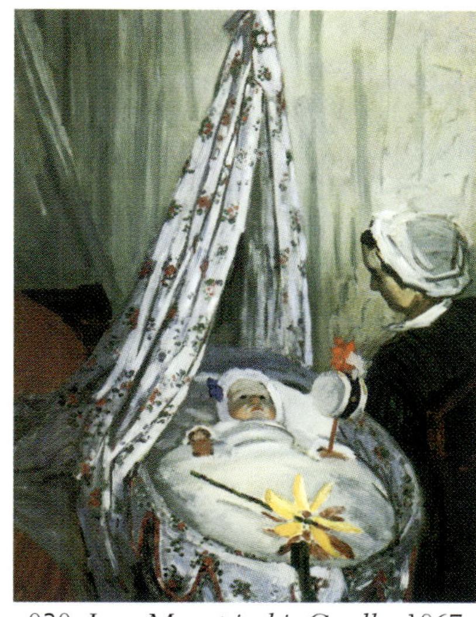

020. *Jean Monet in his Cradle*, 1867

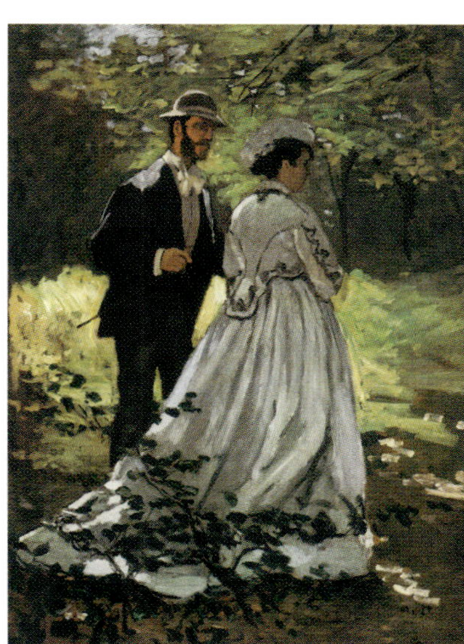

021. *Bazille and Camille (Study for "Luncheon on the Grass")*, c. 1865

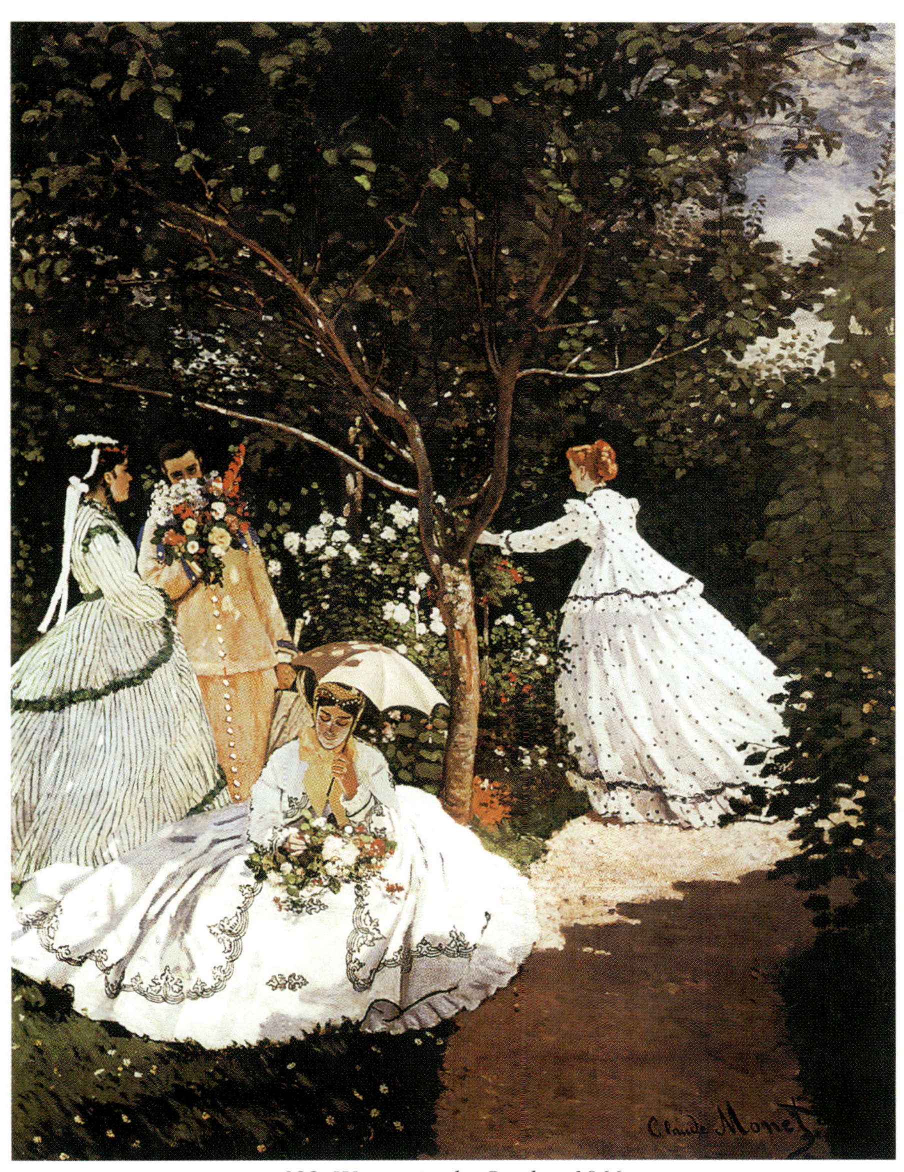

022. *Women in the Garden*, 1866

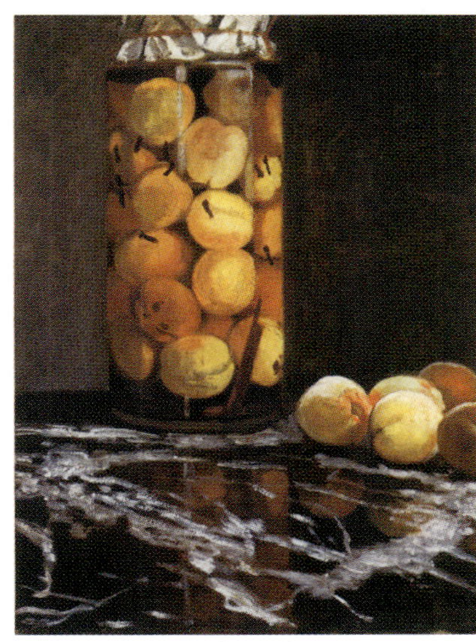

023. *Jar of Peaches*, 1866

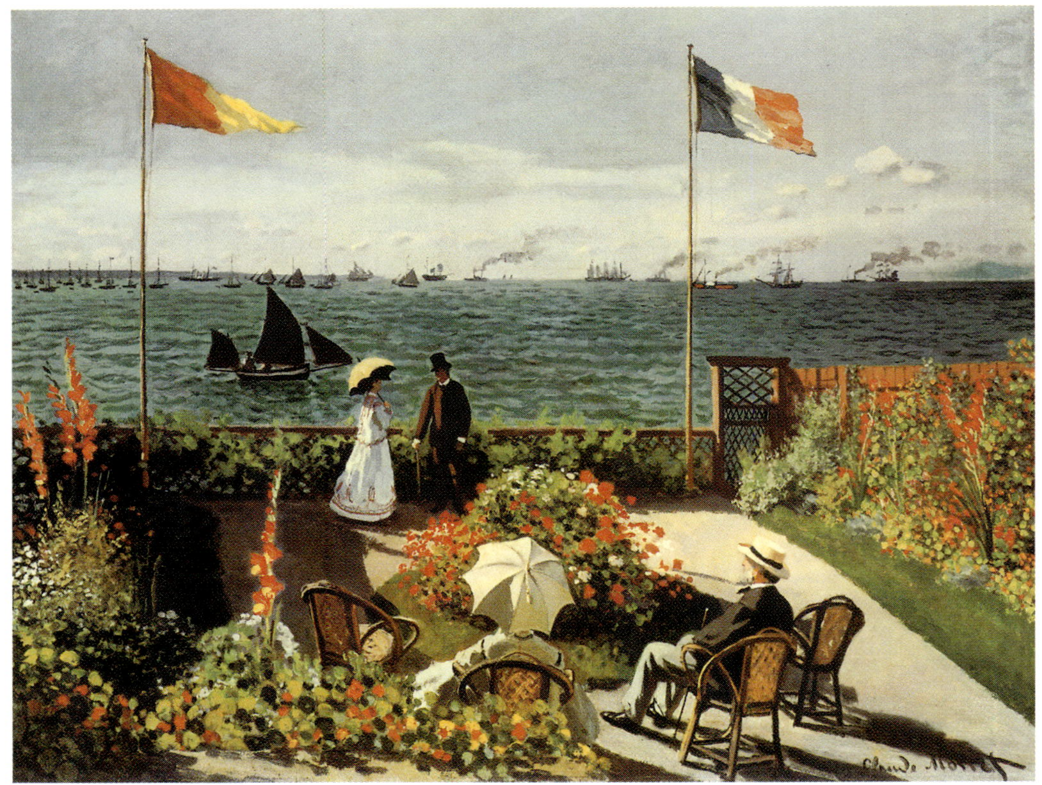

024. *Terrace at Sainte-Adresse*, 1867

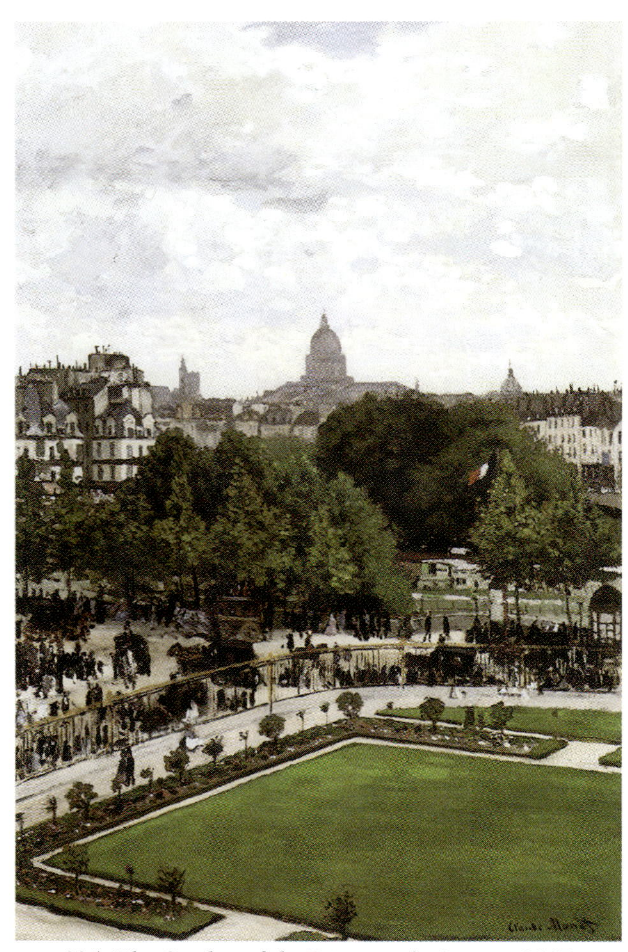

025. *The Garden of the Princess, the Louvre*, 1867

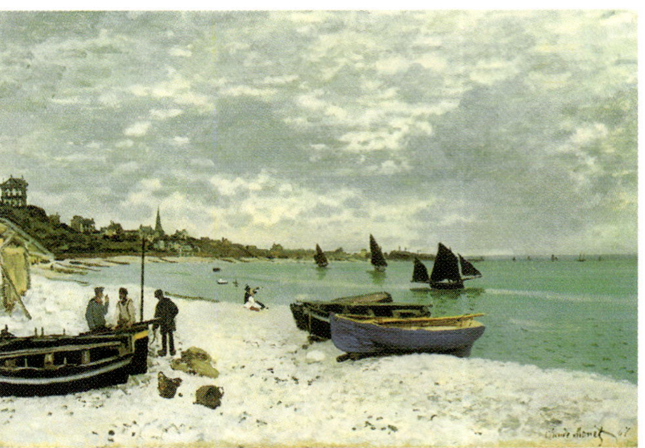

026. *The Beach at Sainte-Adresse*, 1867

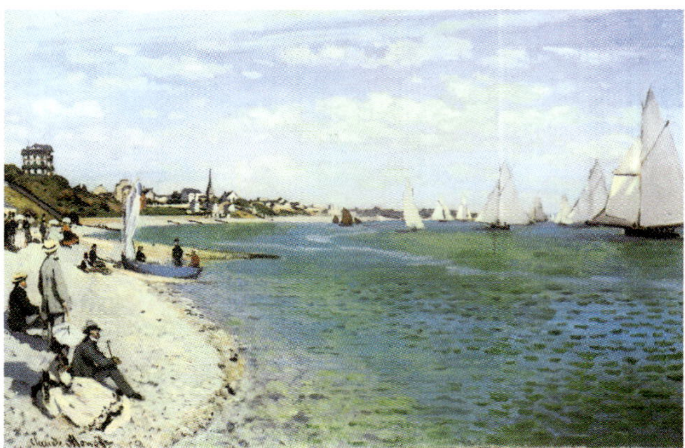

027. *The Regatta at Sainte-Adresse*, 1867

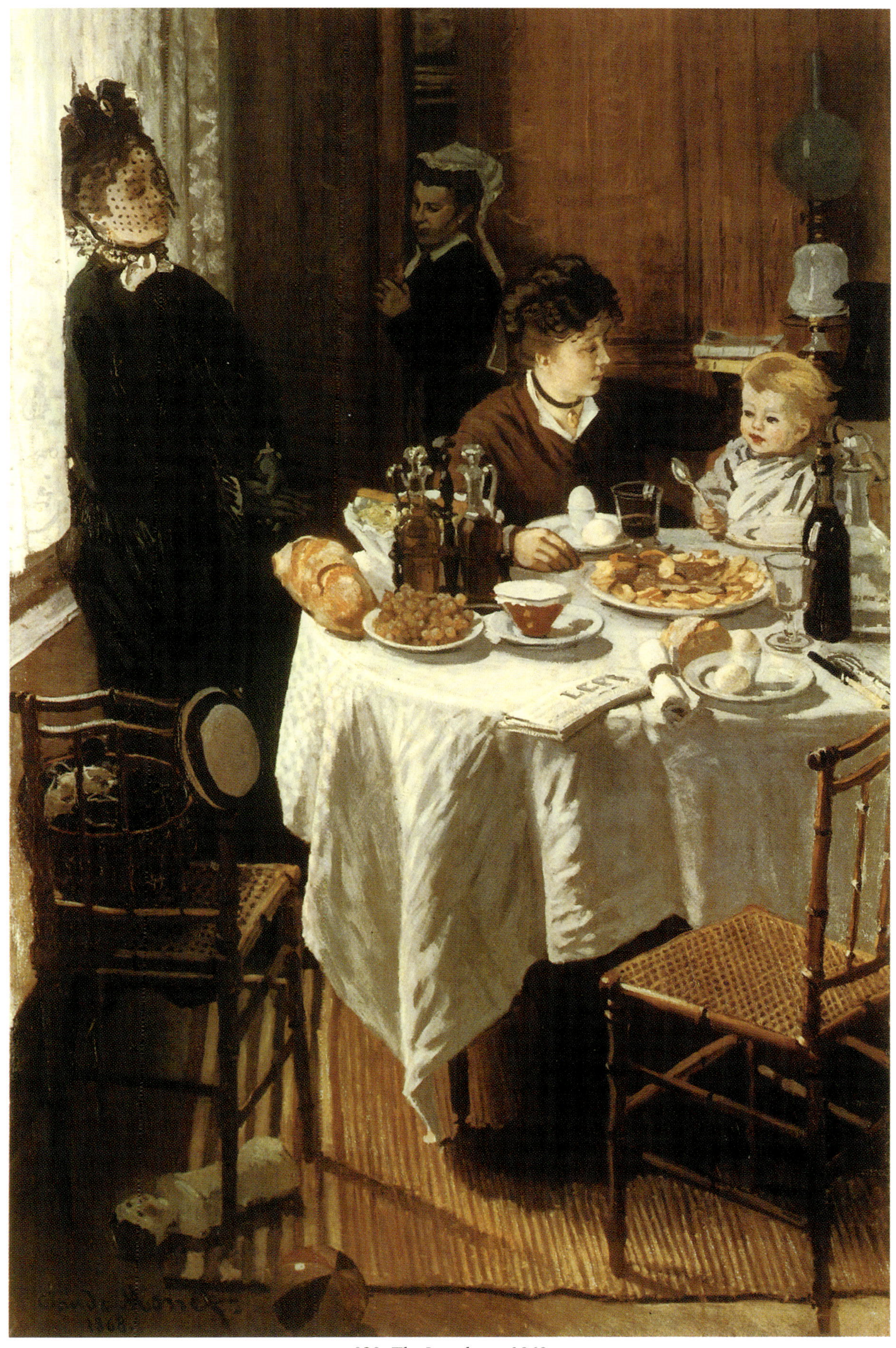

028. *The Luncheon*, 1868

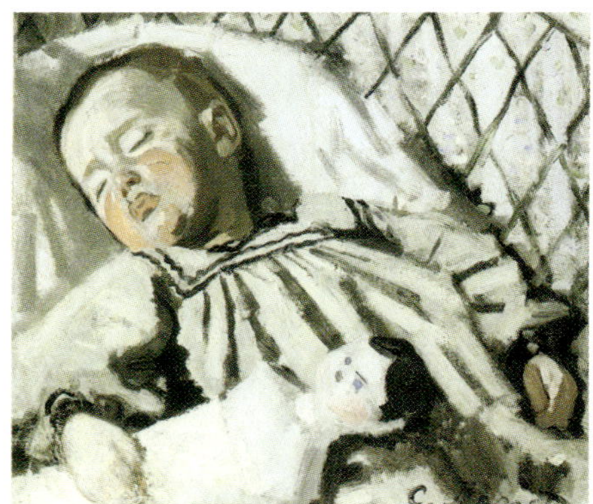

029. *The Artist's Son Asleep*, 1867–68

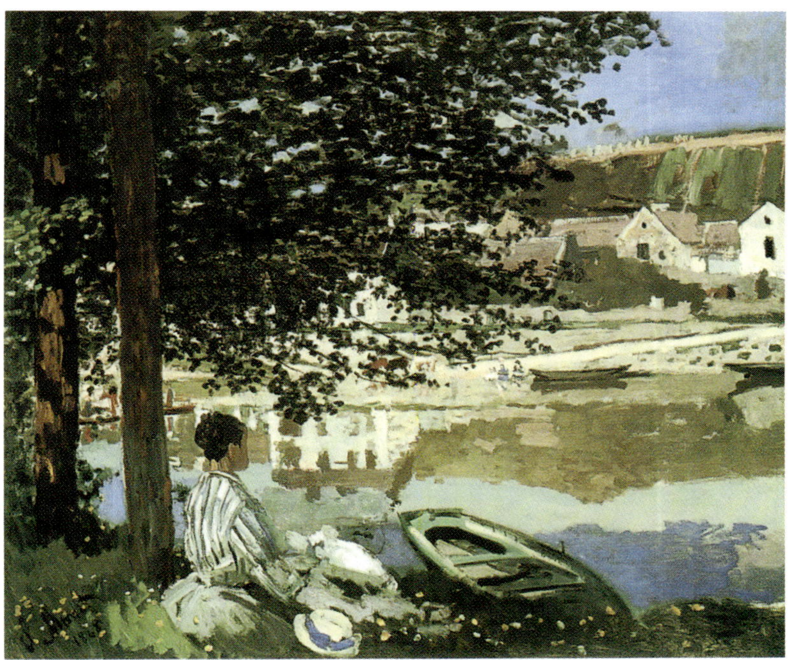

030. *River Scene at Bennecourt*, 1868

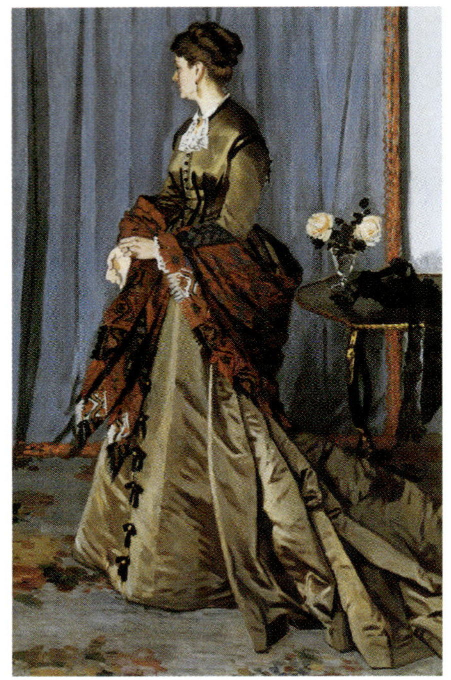

031. *Portrait of Mrs. Gaudibert*, 1868

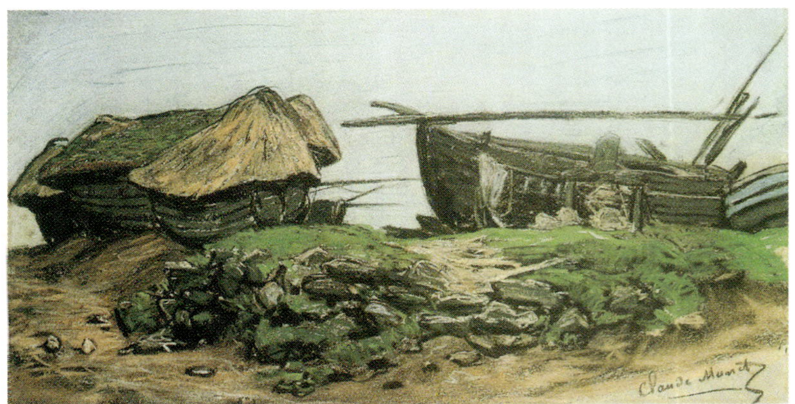

032. *Near Etretat*, c. 1868

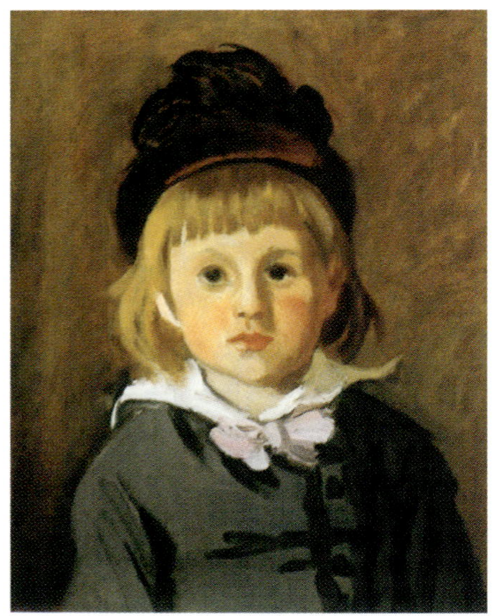

033. *Portrait of Jean Monet Wearing a Hat with a Pompom*, c. 1869

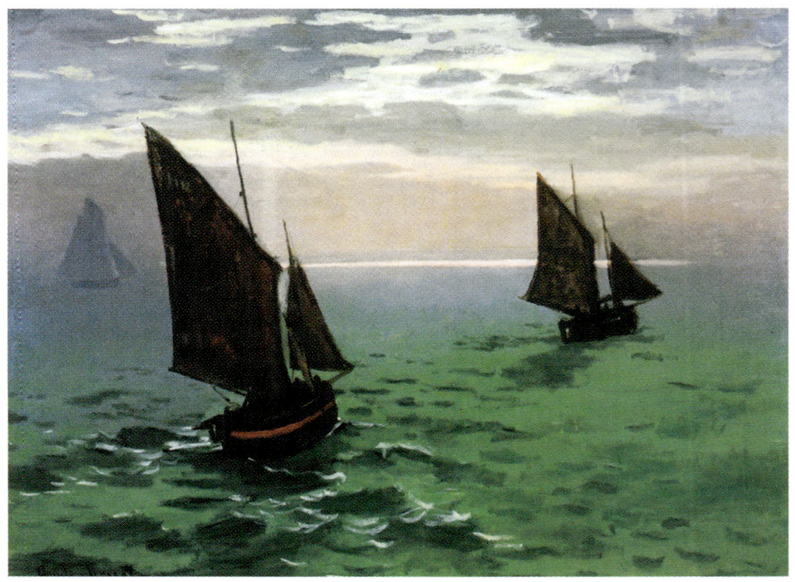

034. *Fishing Boats at Sea*, 1868

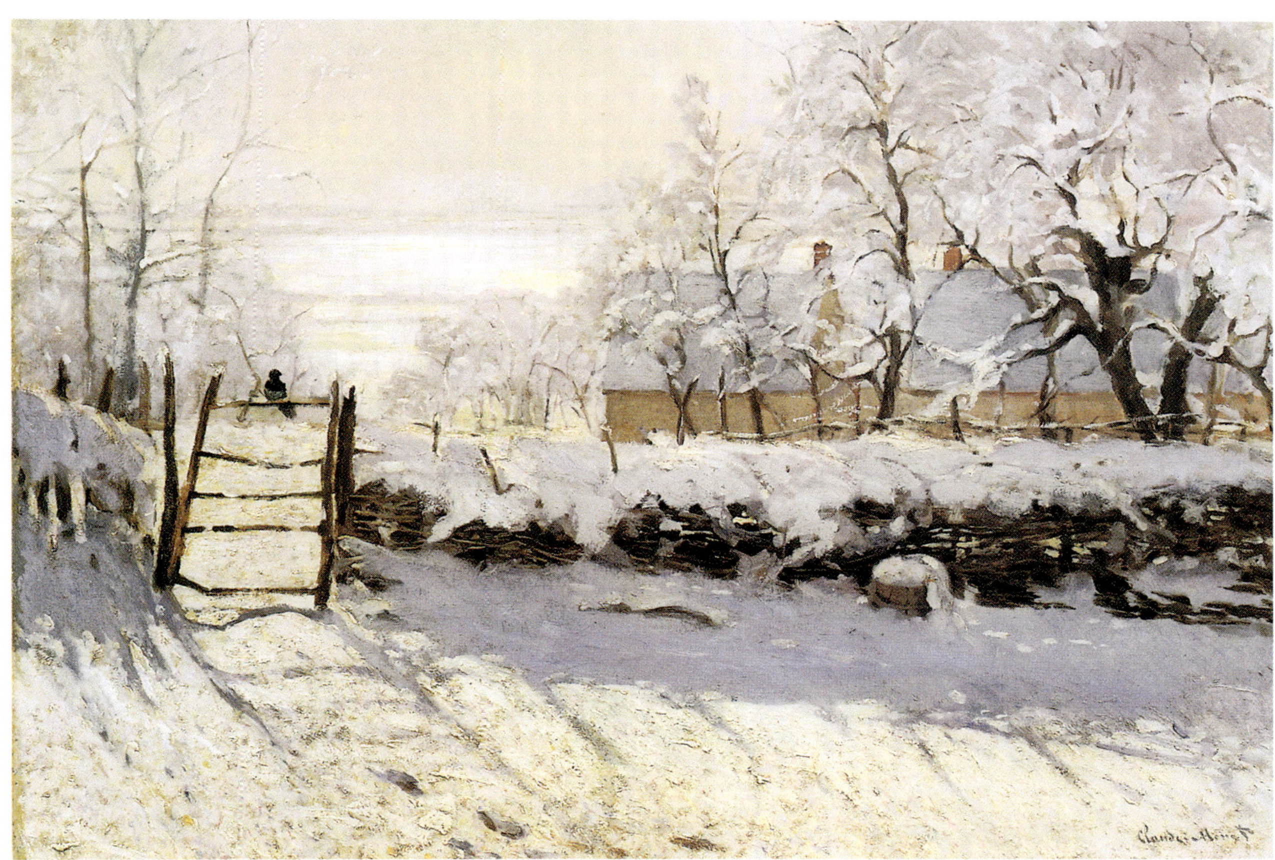

035. *The Magpie, Snow Effect, Outskirts of Honfleur*, 1869

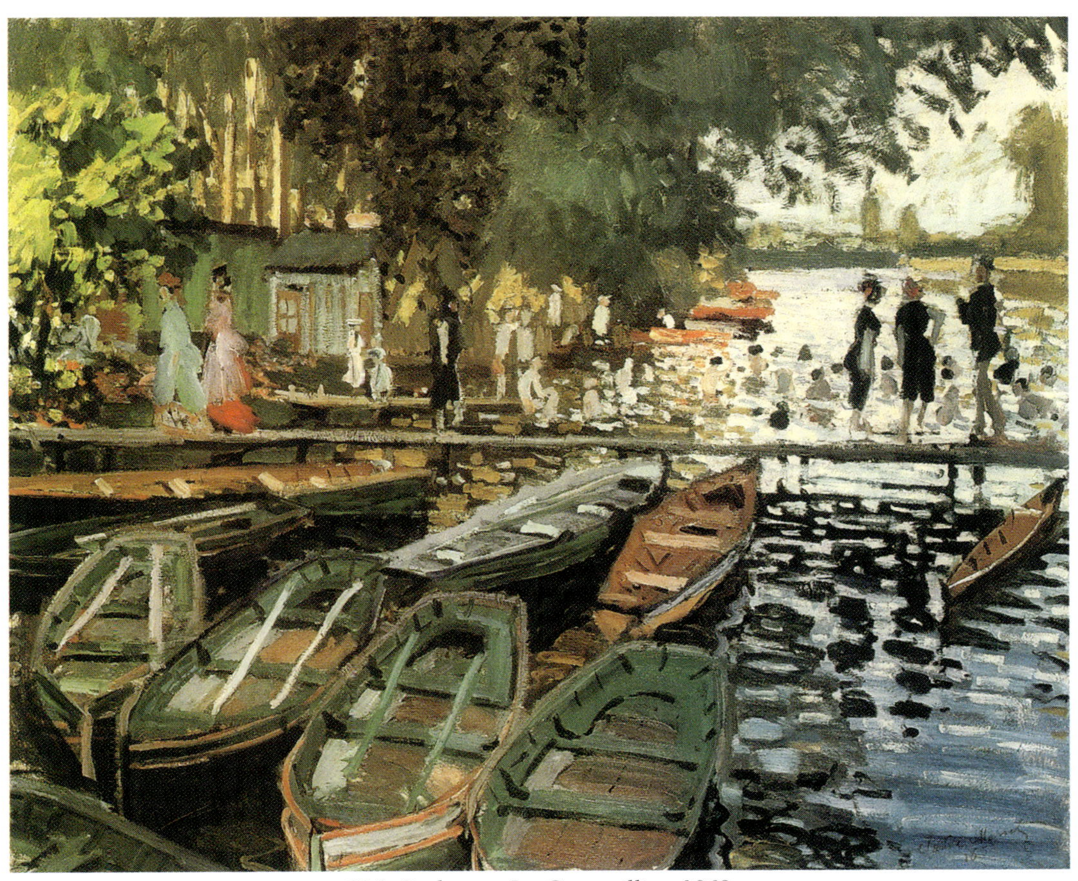

036. *Bathers at La Grenovillère*, 1869

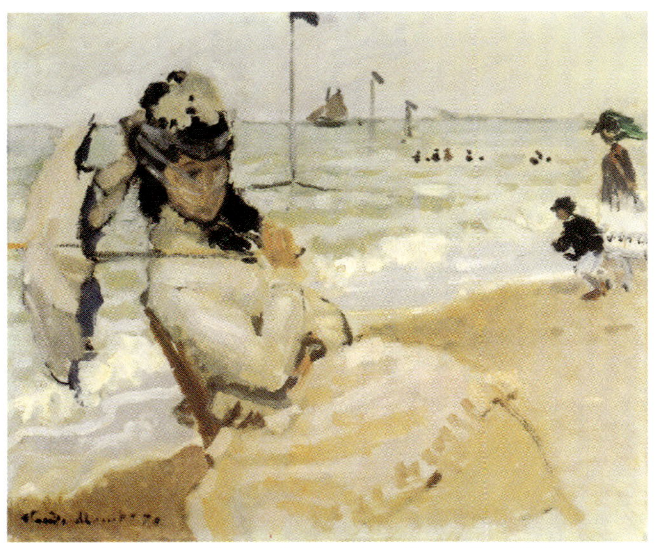

037. *Camille on the Beach at Trouville*, 1870

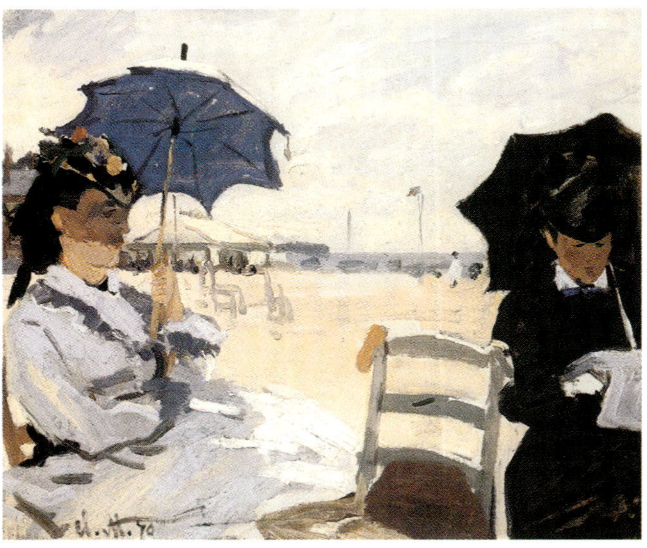

038. *The Beach at Trouville*, 1870

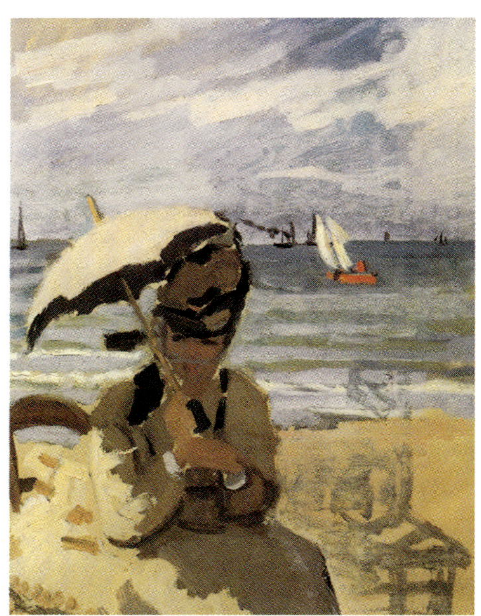

039. *Camille Monet on the Beach at Trouville*, 1870

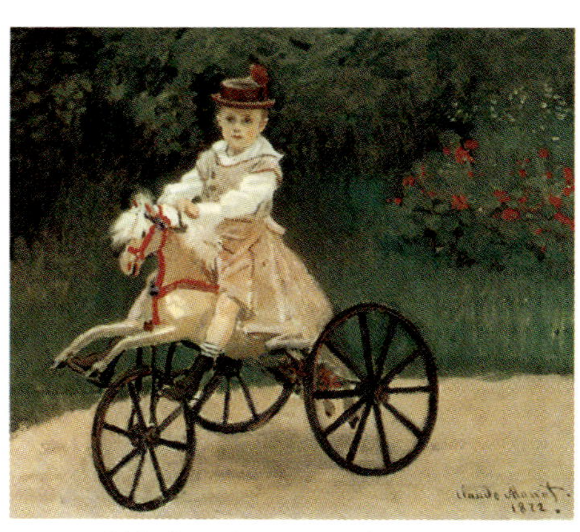

040. *Jean Monet on his Horse Tricycle*, 1872

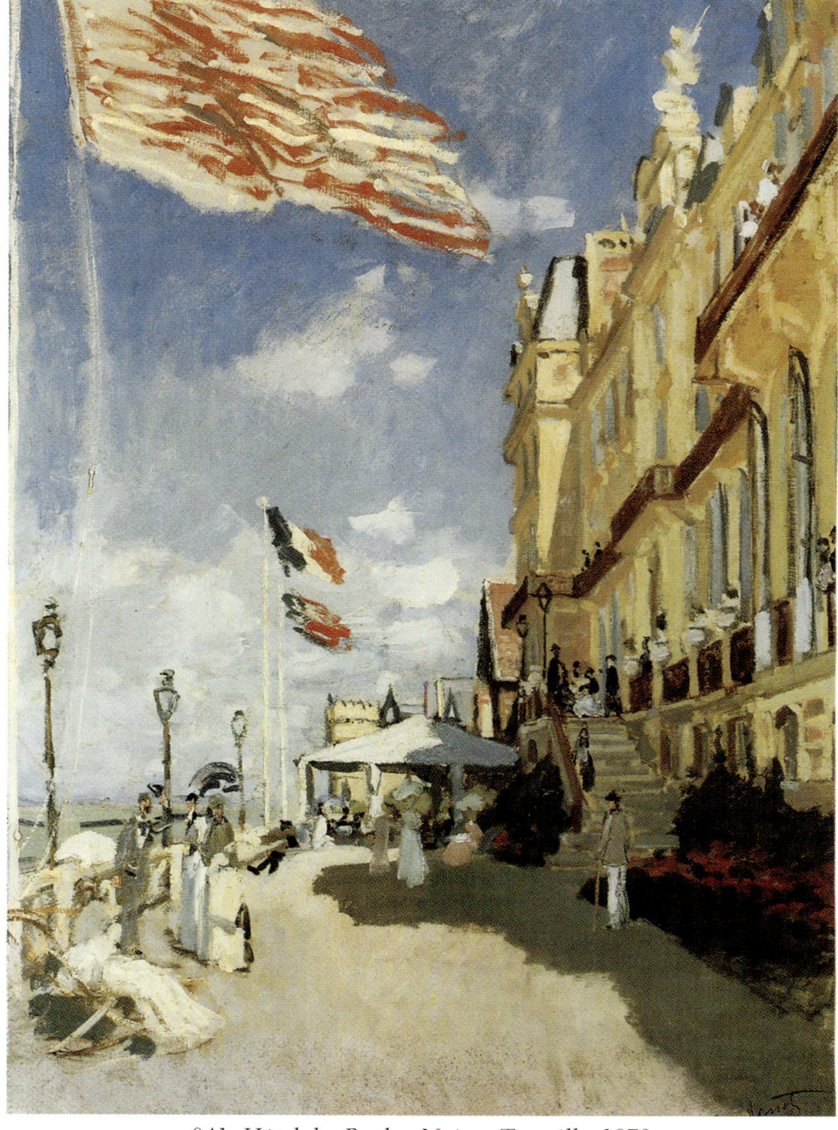

041. *Hôtel des Roches Noires, Trouville*, 1870

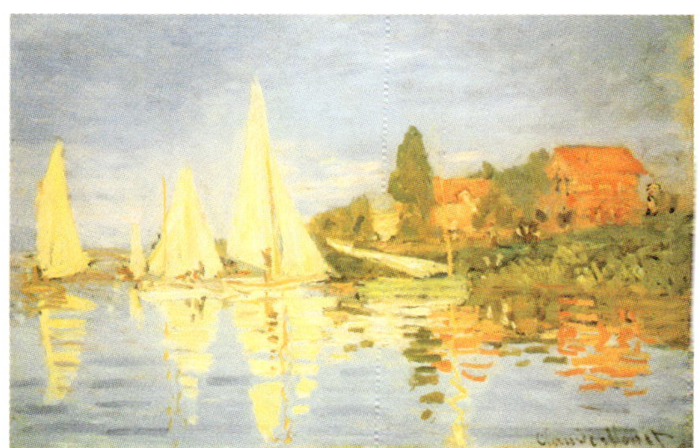

042. *Regatta at Argenteuil*, 1872

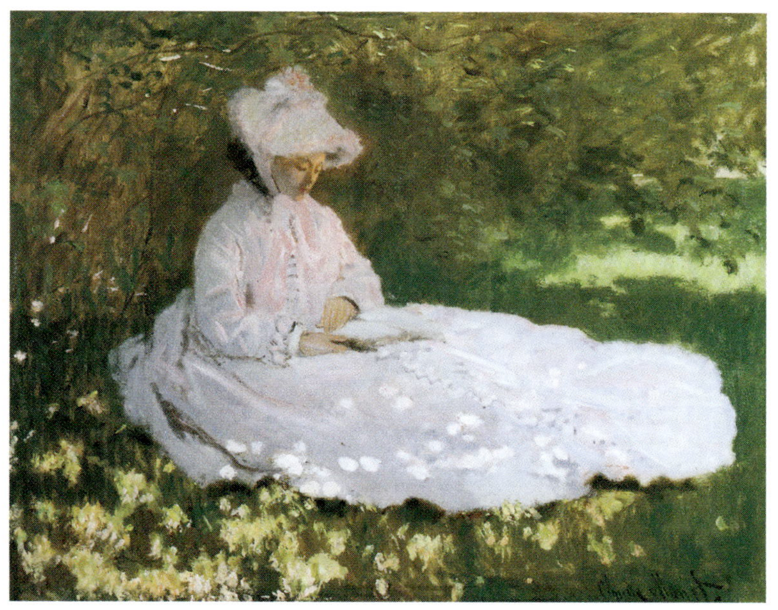

043. *The Reader*, 1872

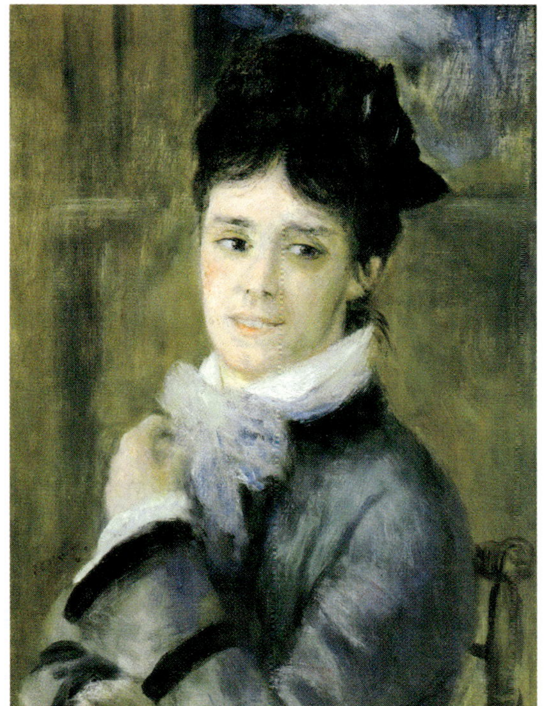

044. *Camille Monet*, 1872

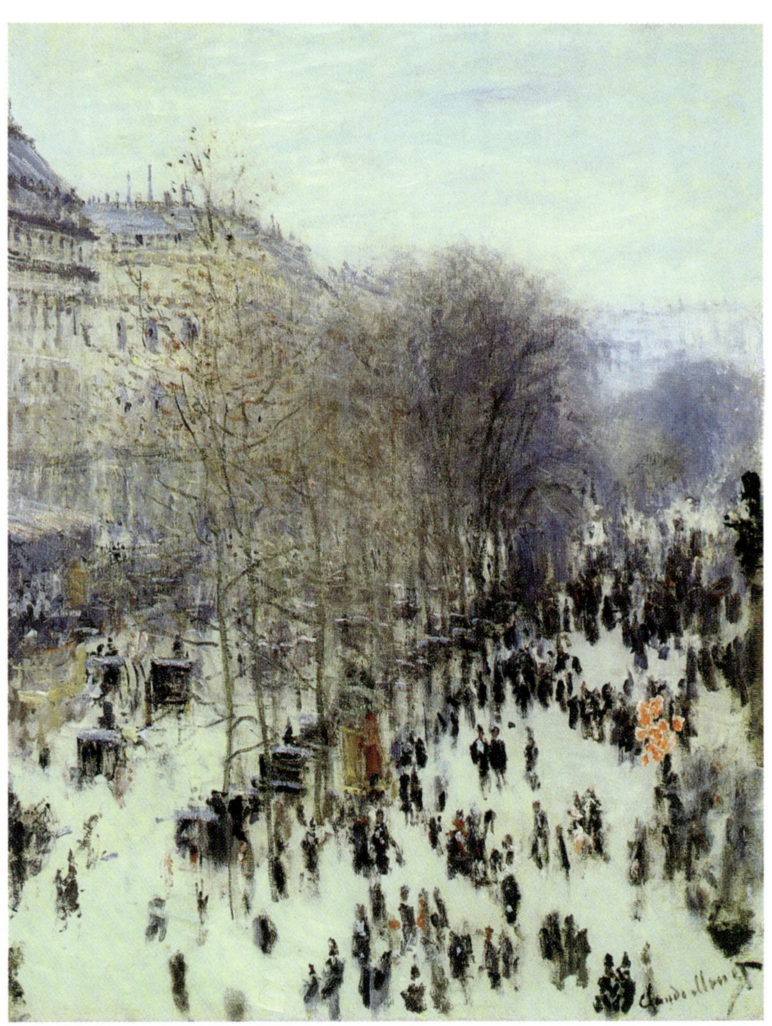

046. *Boulevard des Capucines*, 1873

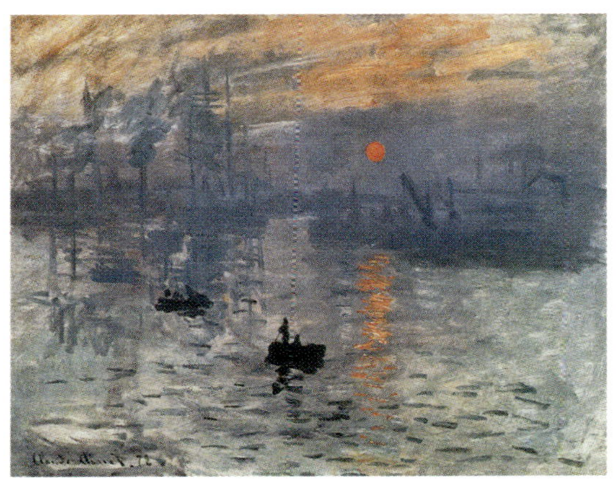

045. *Impression-Sunrise*, 1872

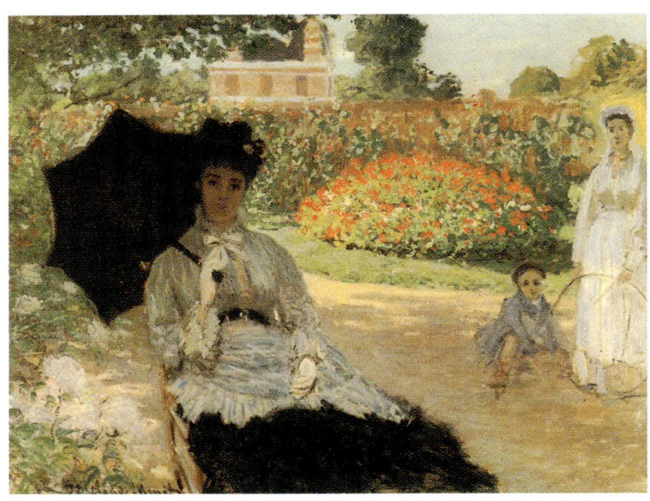

047. *Camille in the Garden with Jean and his Nurse,* 1873

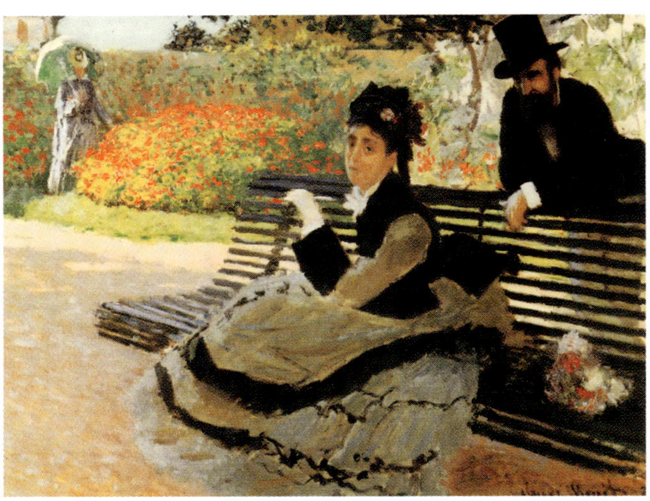

048. *Madame Monet on a Garden Bench,* 1873

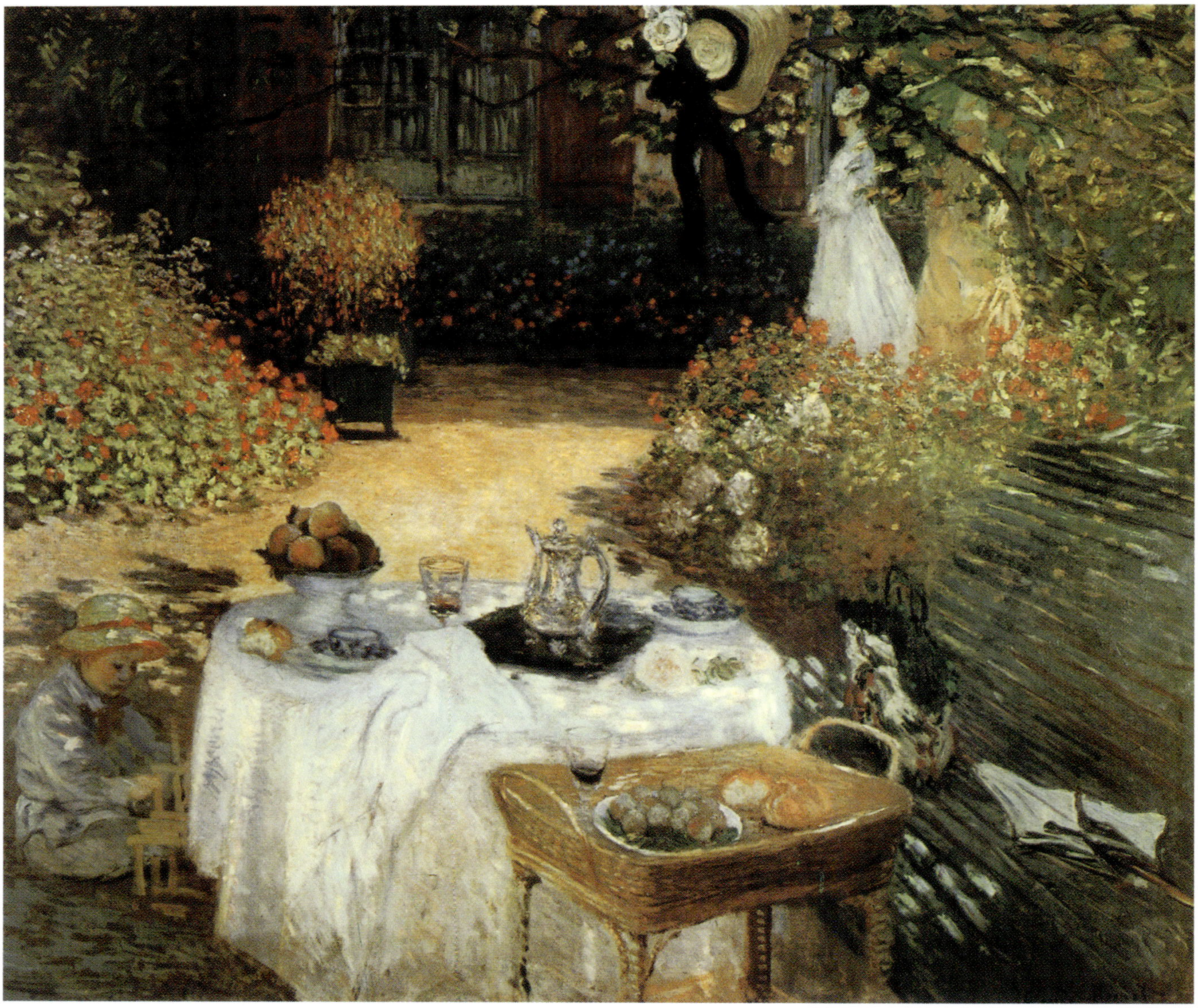

049. *Le Déjeuner,* 1873

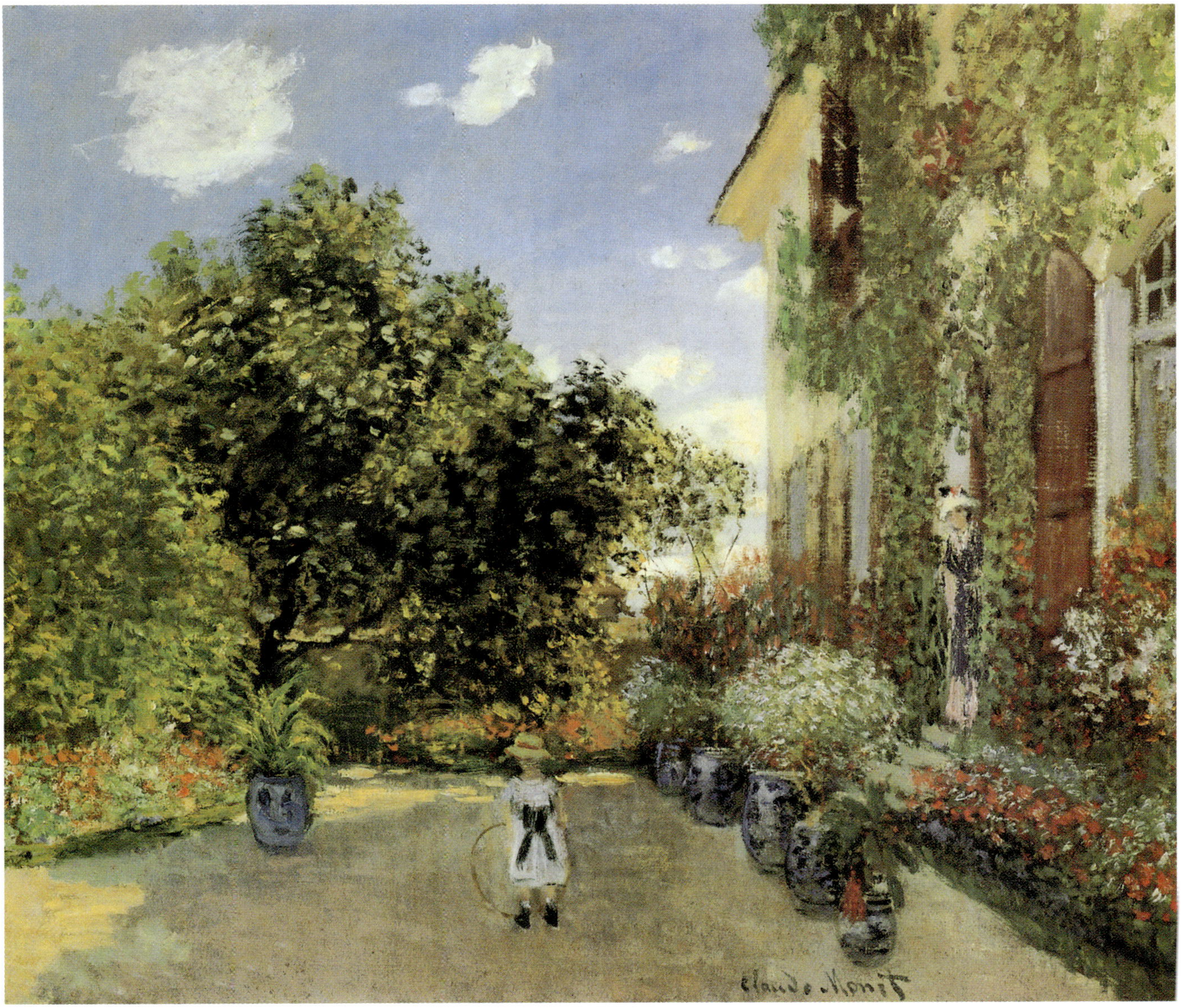

050. *The Artist's House at Argenteuil*, 1873

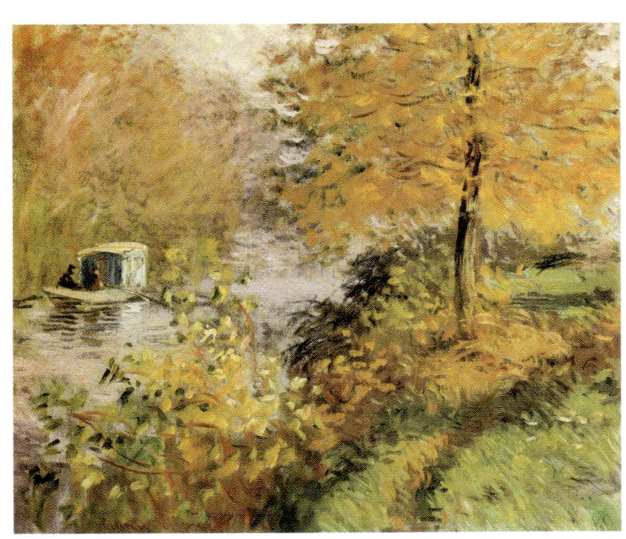

051. *The Studio Boat*, c. 1873–76

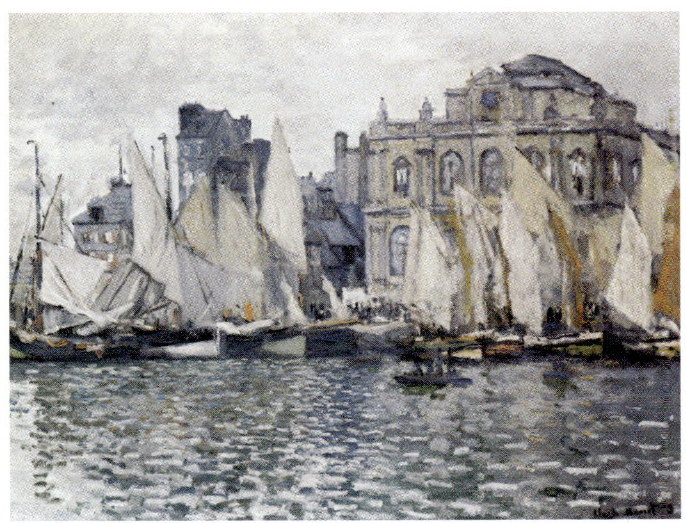

052. *Le Havre Museum*, 1873

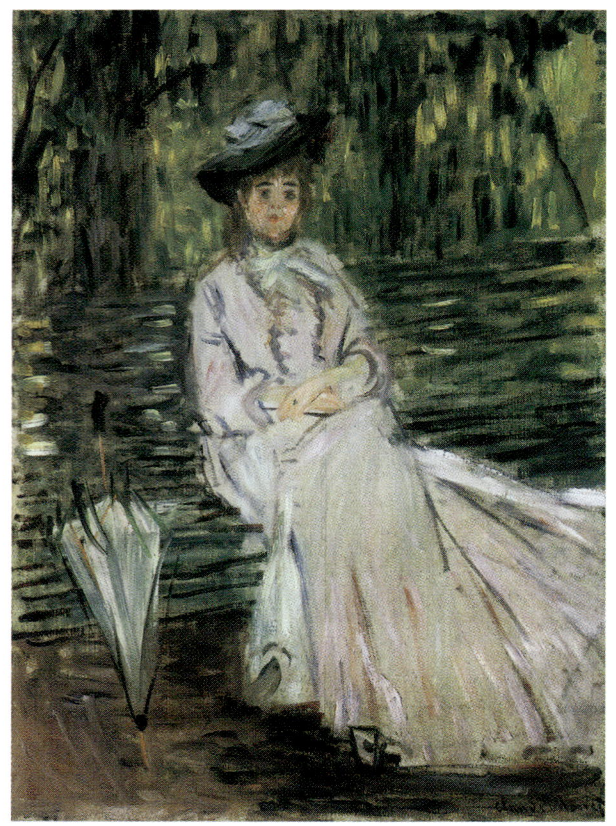

053. *Woman Seated on a Bench*, 1874

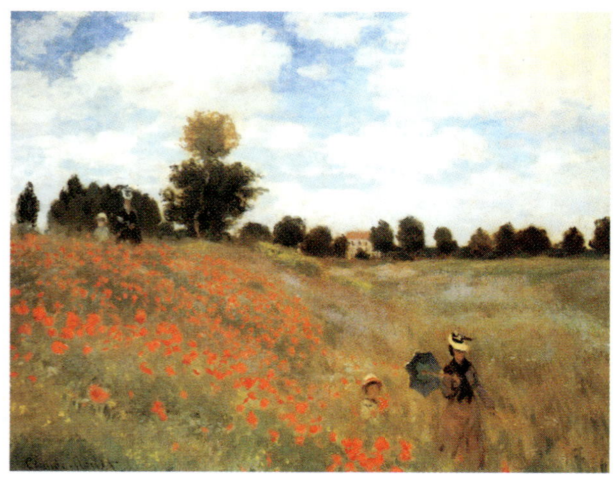

056. *Poppy Field at Argenteuil*, 1873

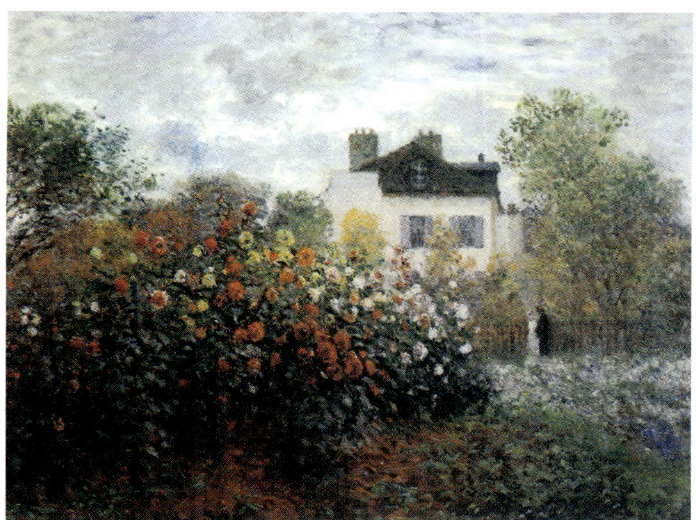

054. *Monet's Garden at Argenteuil*, 1873

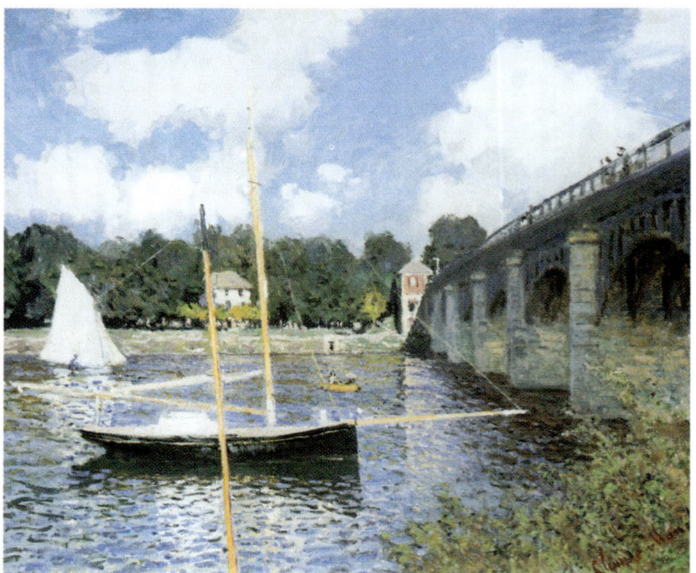

055. *The Road Bridge at Argenteuil*, 1874

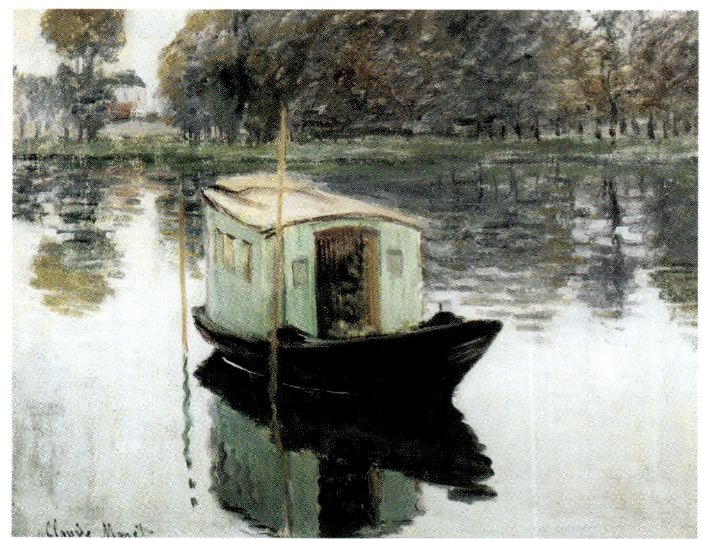

057. *The Studio Boat*, 1874

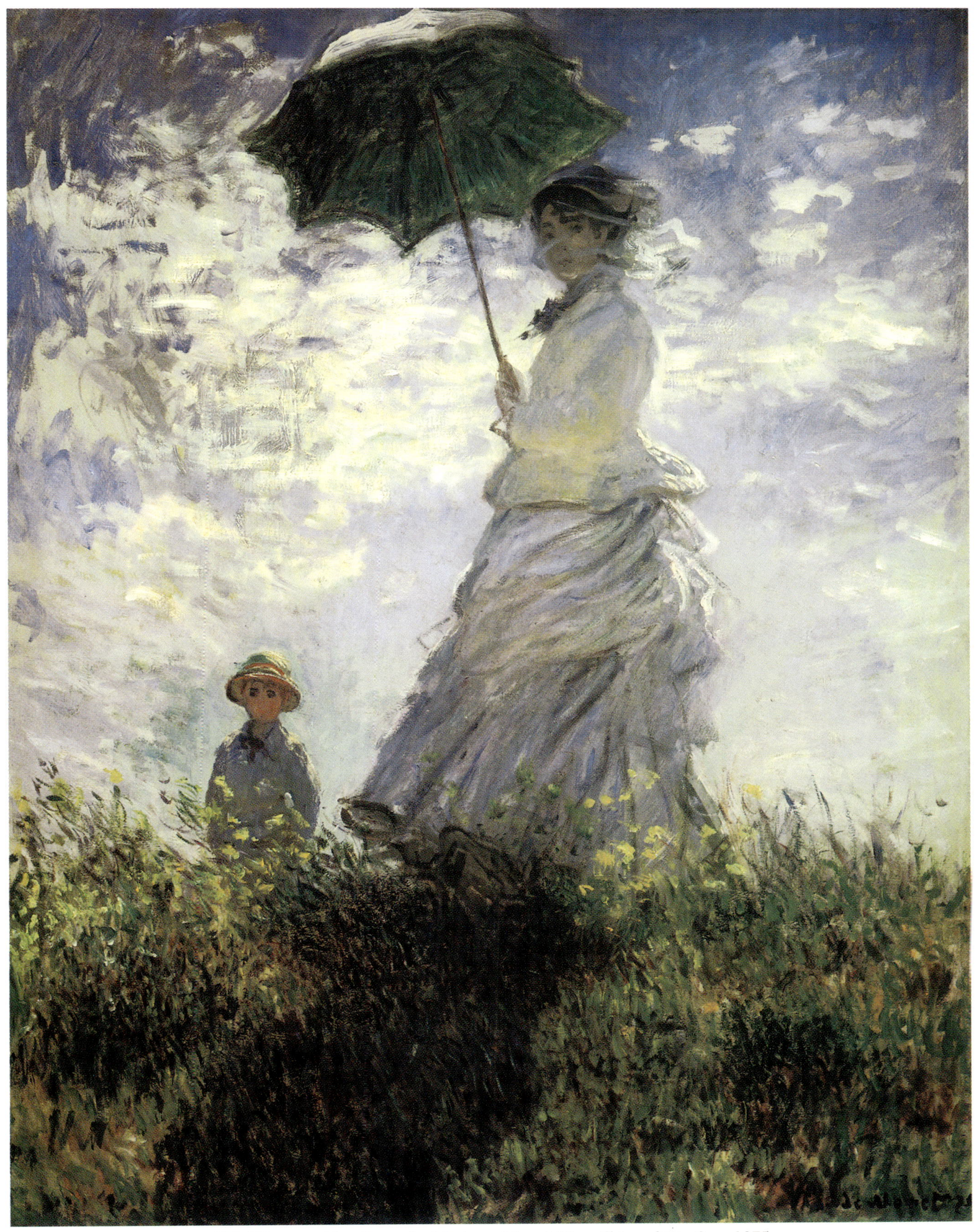

058. *Woman with a Parasol—Madame Monet (Camille) and Her Son*, 1875

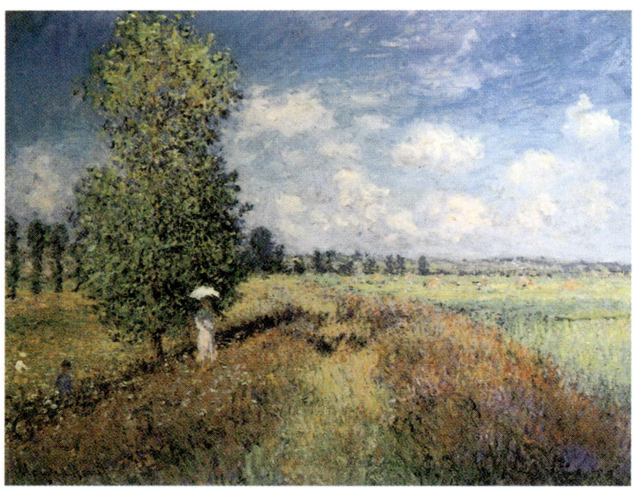

059. *Summer, Field of Poppies,* 1875

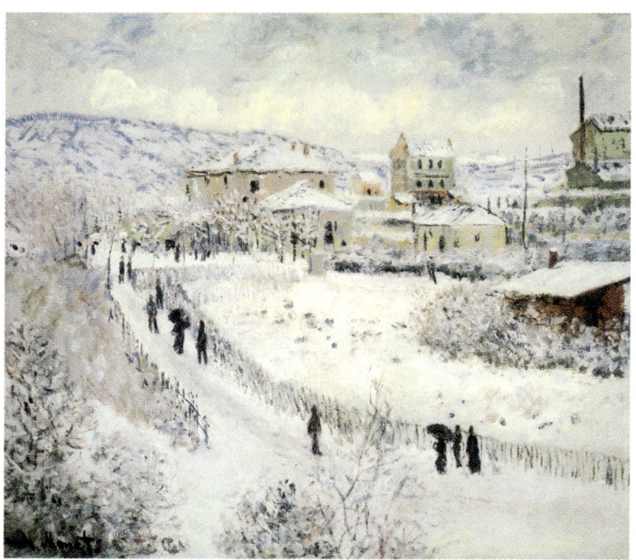

060. *View of Argenteuil, Snow,* c. 1875

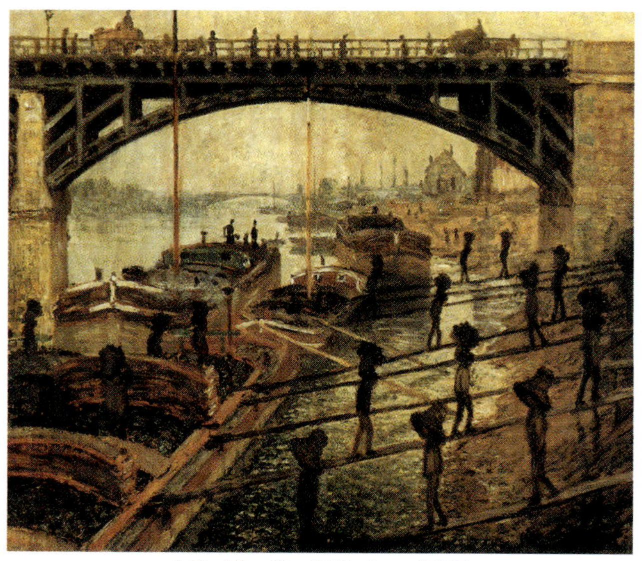

062. *The Coal Workers,* 1875

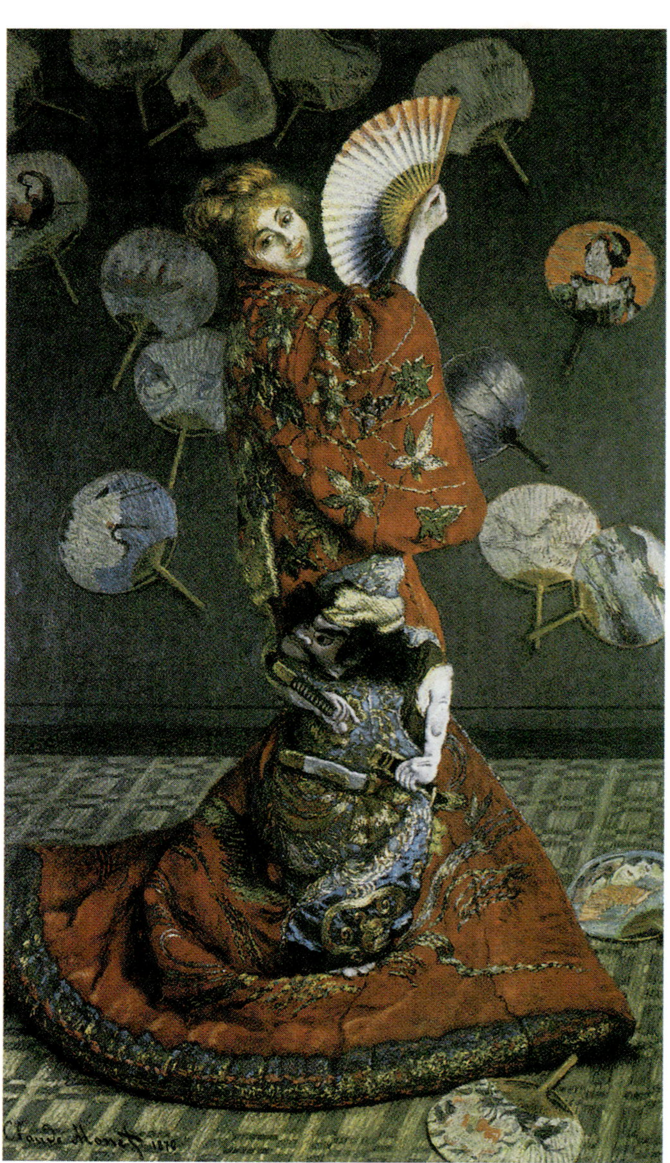

061. *The Japanese Woman,* 1875

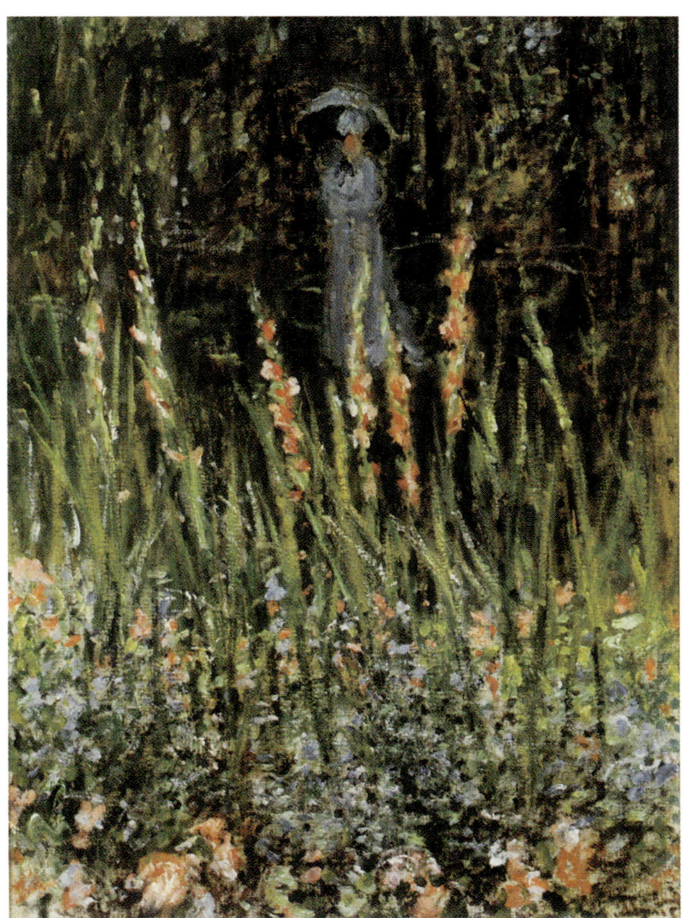

063. *The Garden, Gladioli,* 1876

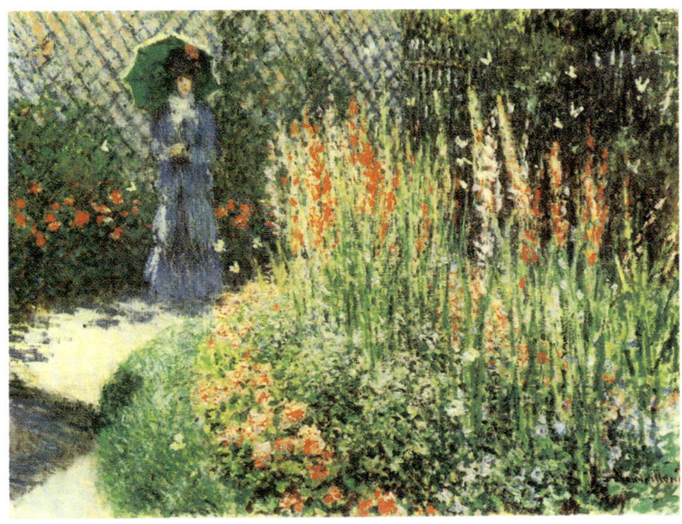

065. *Gladioli,* 1876

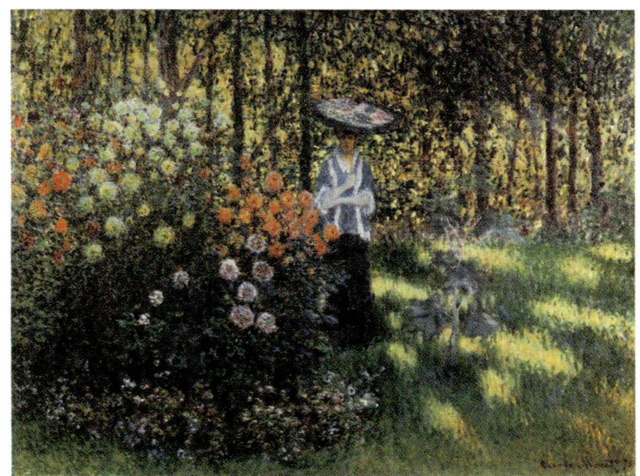

064. *Woman with Parasol in the Garden at Argenteuil,* 1875

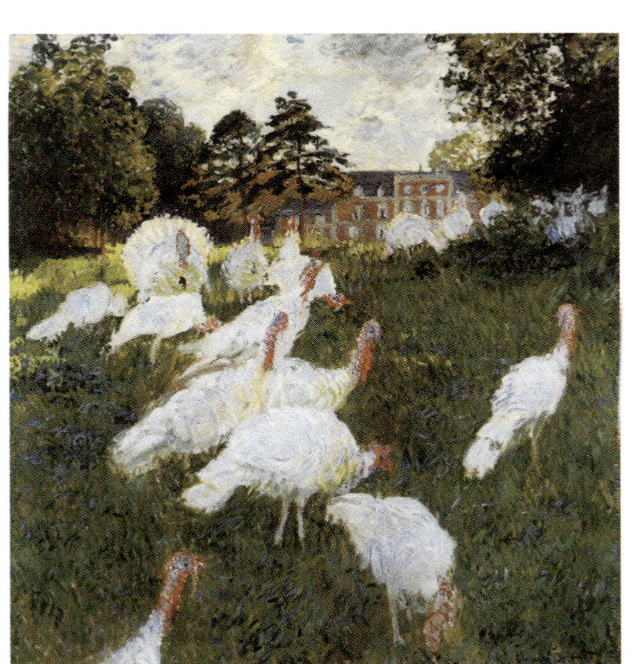

066. *Turkeys,* 1876

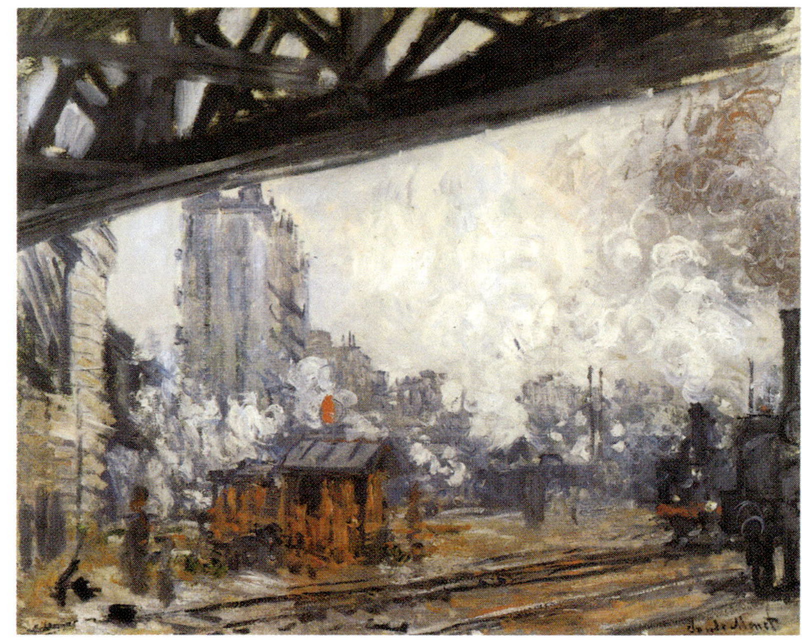

067. *The Gare Saint-Lazare, Outside View*, 1877

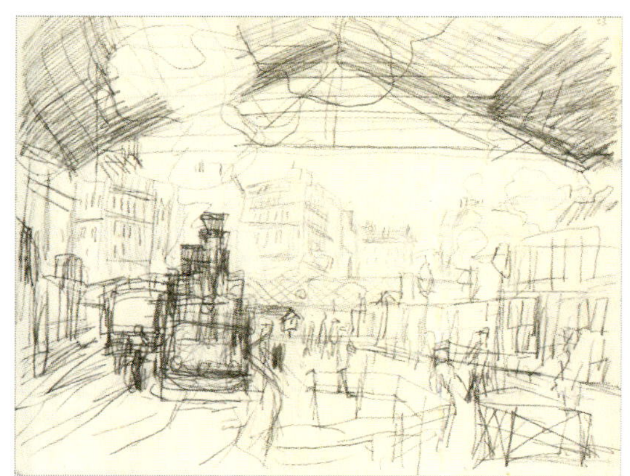

068. *The Gare Saint-Lazare (Suburban Lines)*, 1877

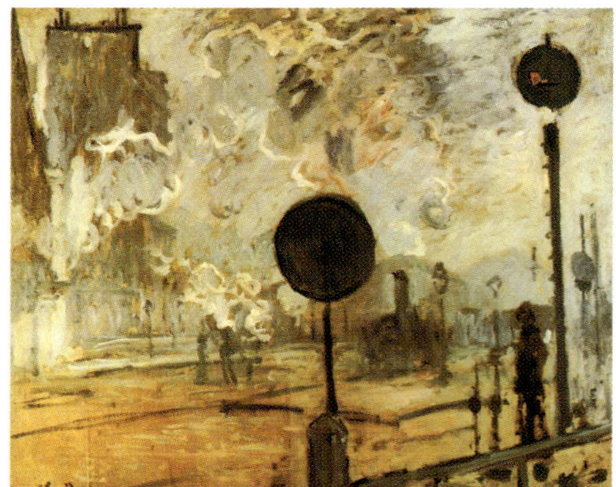

069. *Track Signals outside Saint-Lazare Station*, 1877

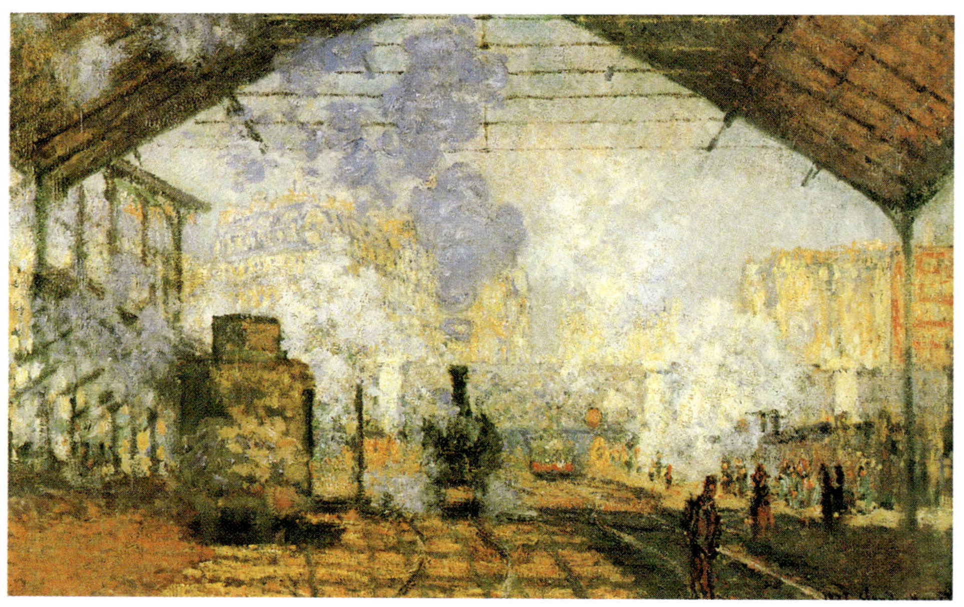

070. *Gare Saint-Lazare*, 1877

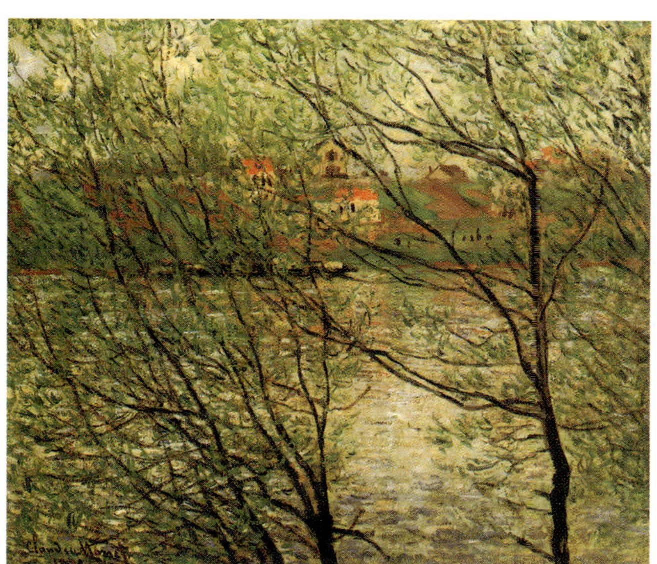

071. *Banks of the Seine, Island of La Grande Jatte,* 1878

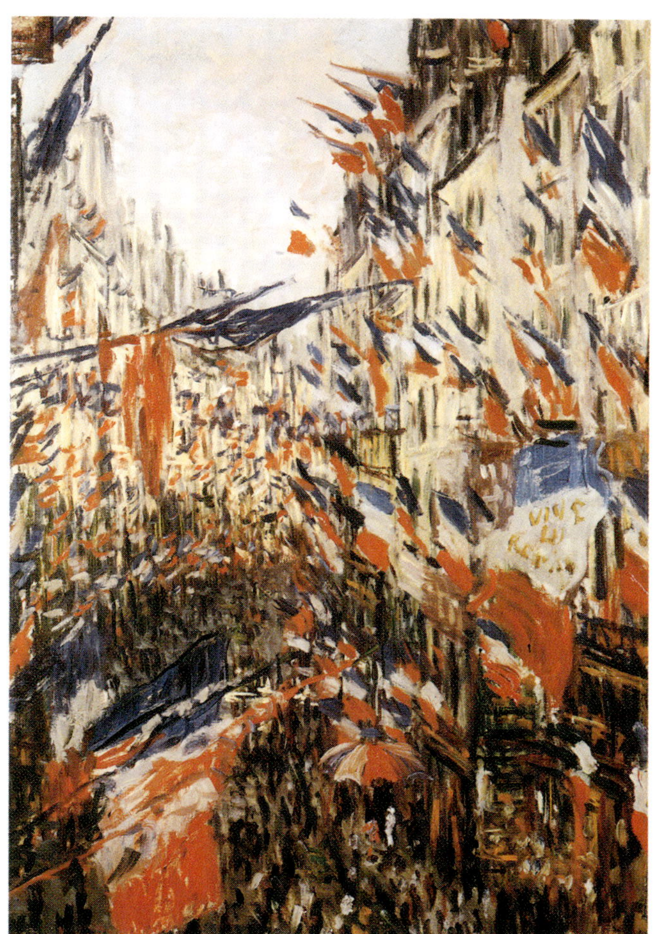

072. *Rue Montorgeuil Decked with Flags,* 1878

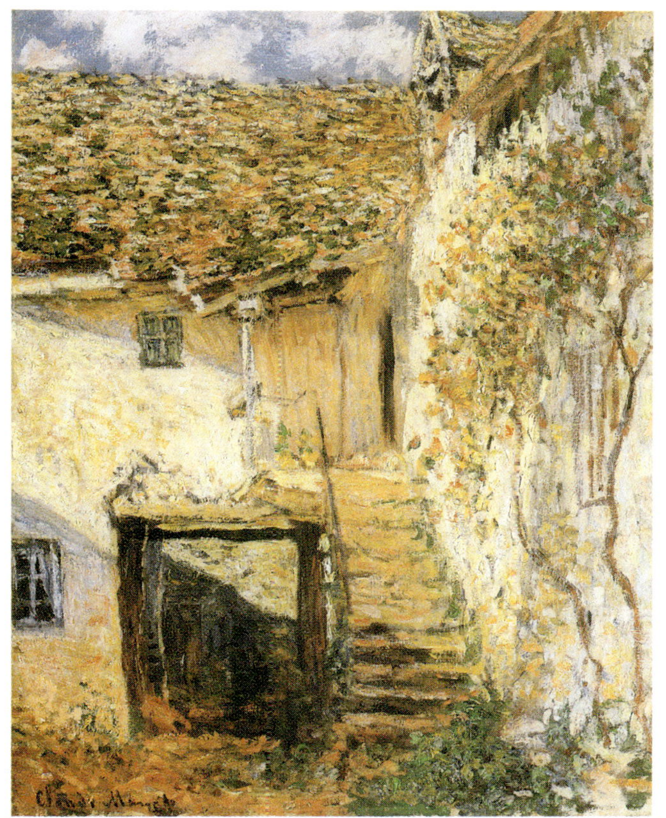

073. *The Stairs,* 1878

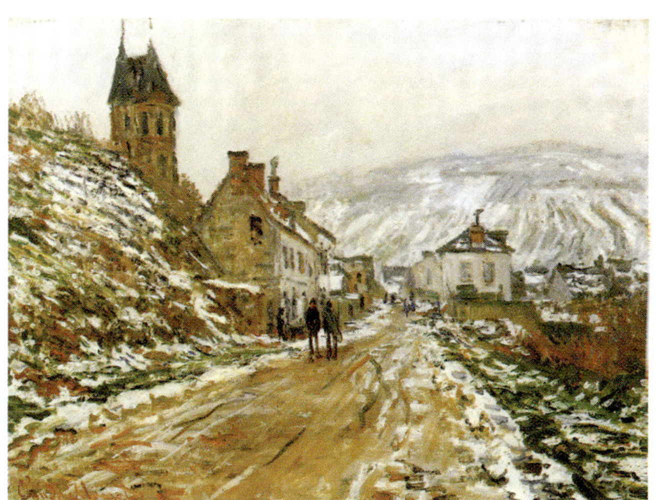

074. *The Road in Vétheuil in Winter,* 1879

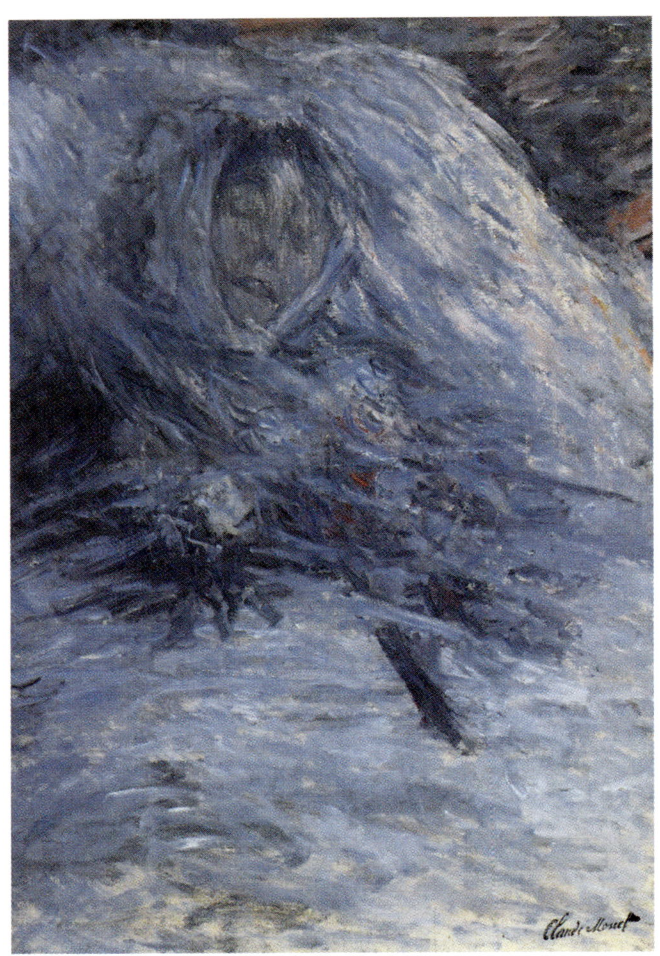

075. *Camille Monet on her Deathbed*, 1879

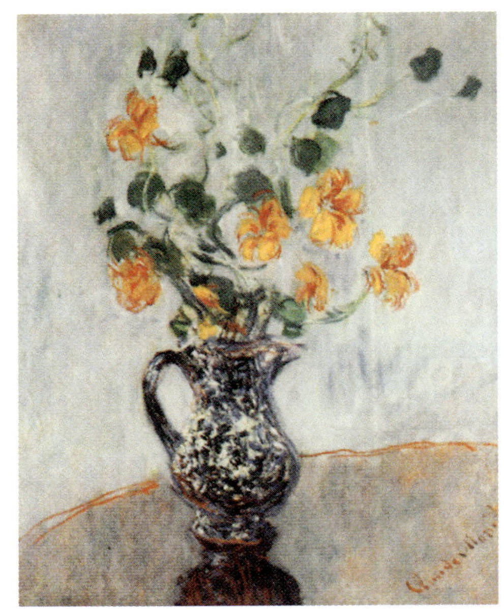

076. *Nasturtiums in a Blue Vase*, 1879

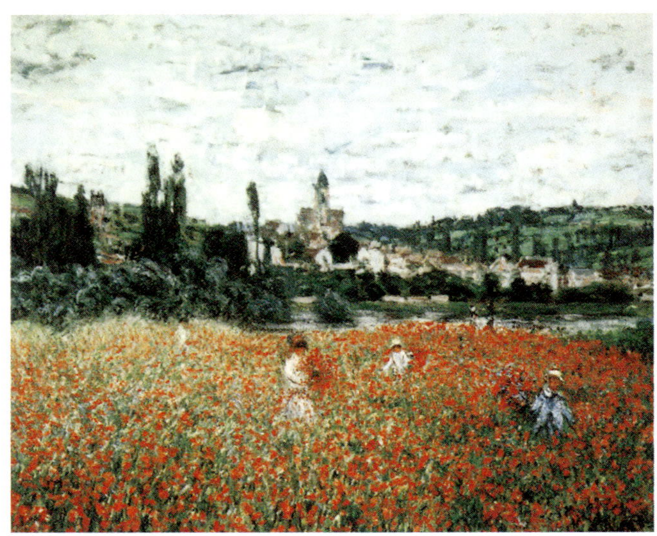

077. *Poppy Field near Vétheuil*, 1879

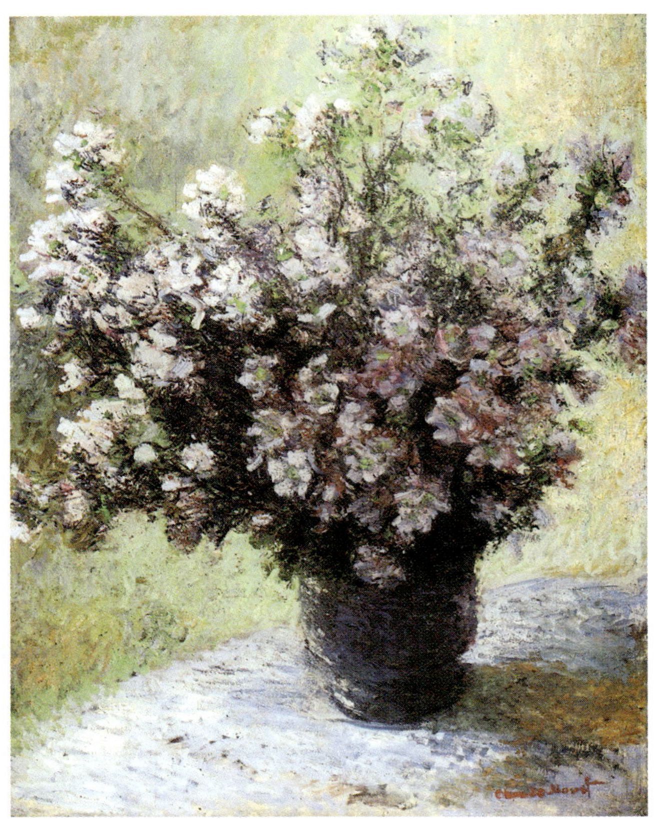

078. *Vase of Flowers*, 1880

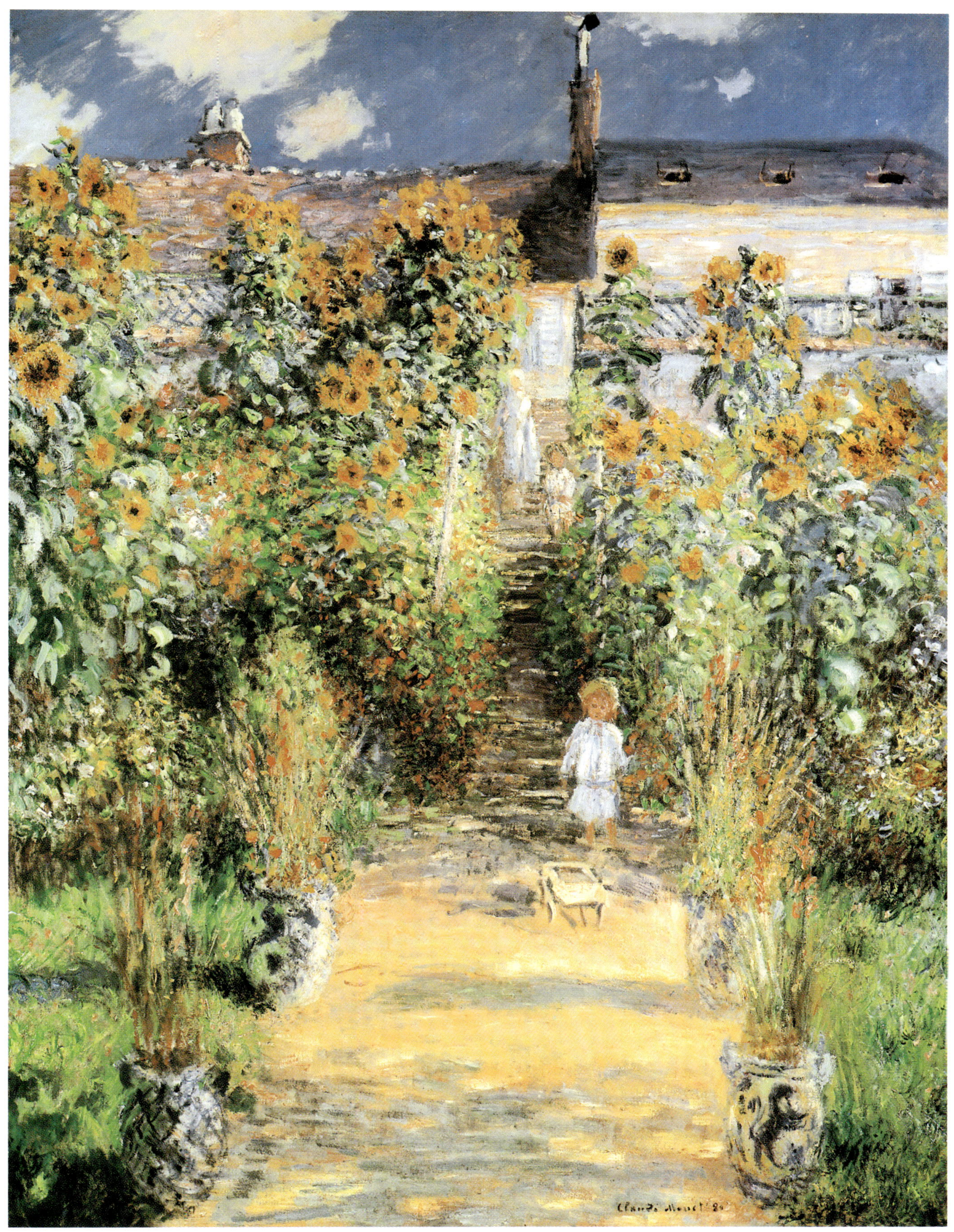

079. *The Artist's Garden at Vétheuil*, 1880

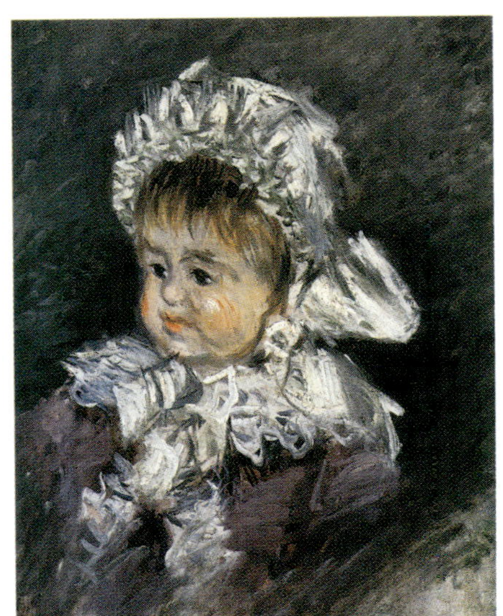

080. *Portrait of Michel Monet as a Baby*, 1878–79

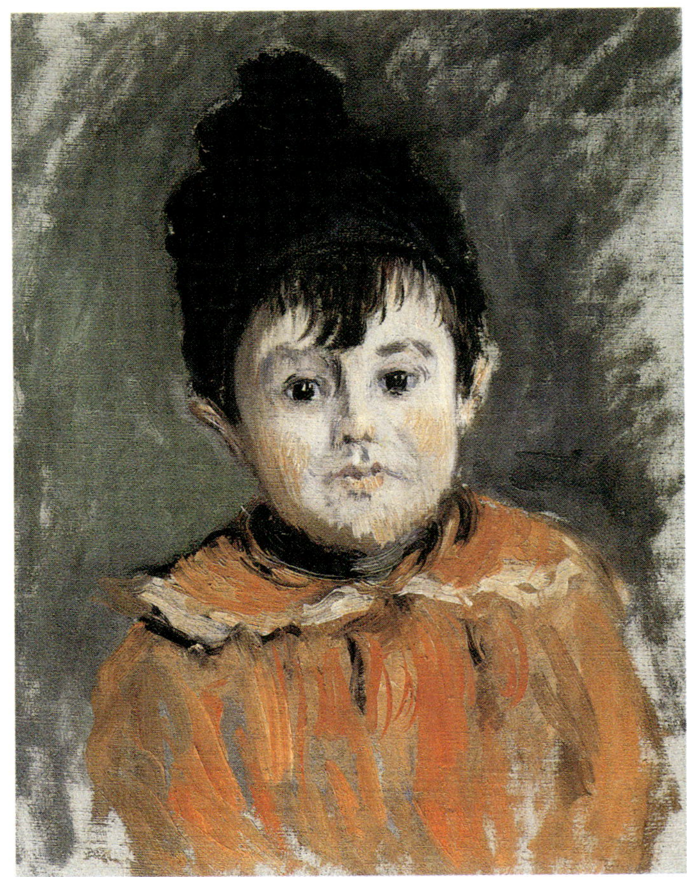

081. *Portrait of Michel in a Pompon Hat*, 1880

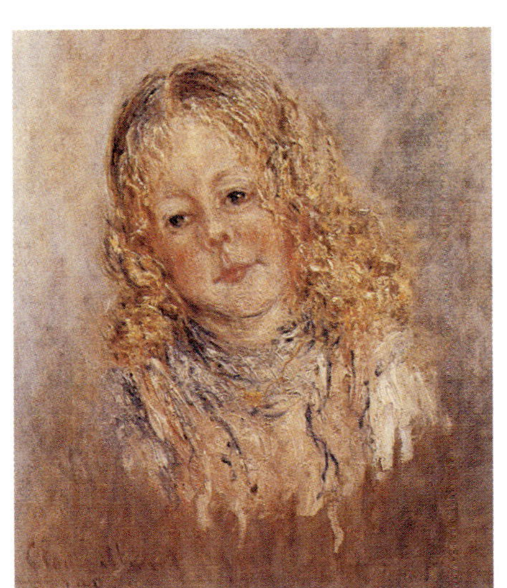

082. *André Lauvray*, 1880

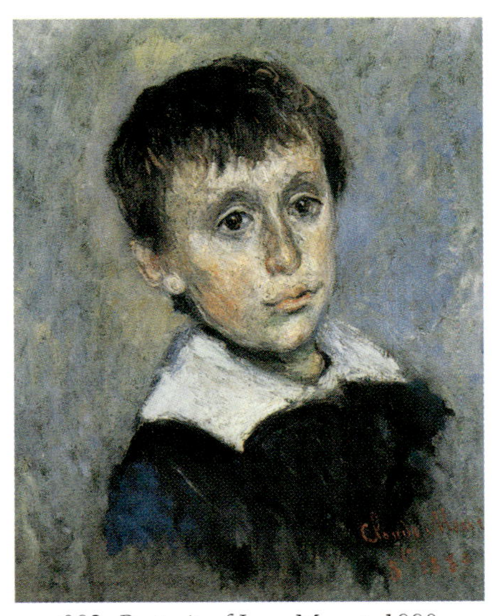

083. *Portrait of Jean Monet*, 1880

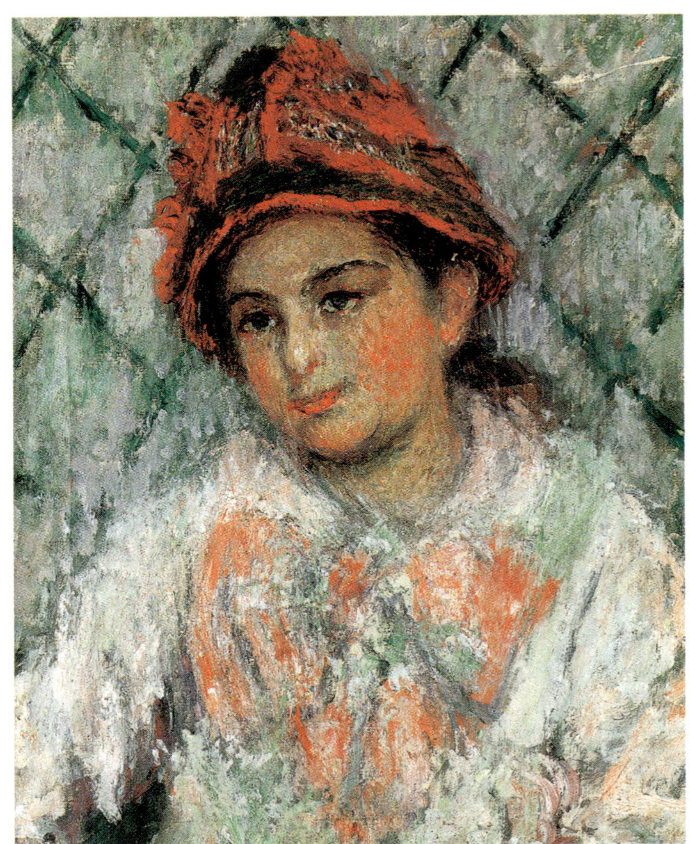

084. *Portrait of the Young Blanche Hoschedé*, 1880

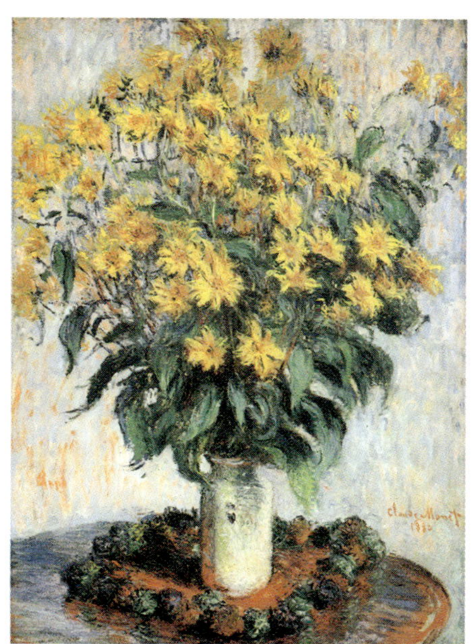
085. *Jerusalem Artichokes*, 1880

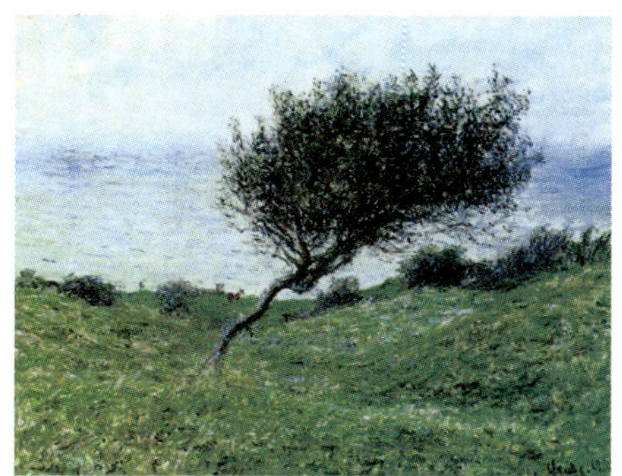
086. *On the Coast at Trouville*, 1881

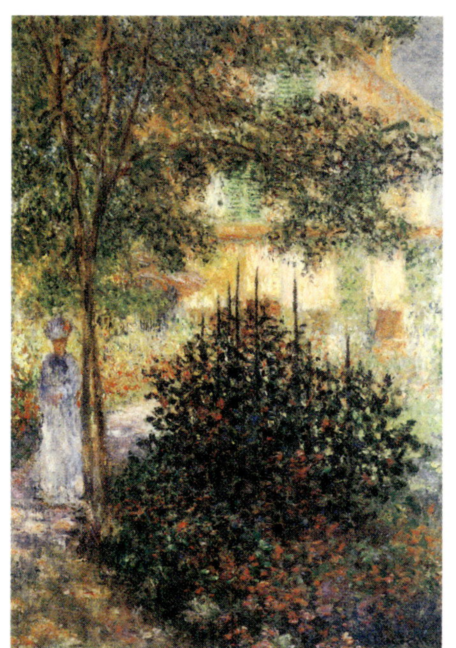
088. *Camille in the Garden of the House at Argenteuil*, 1876

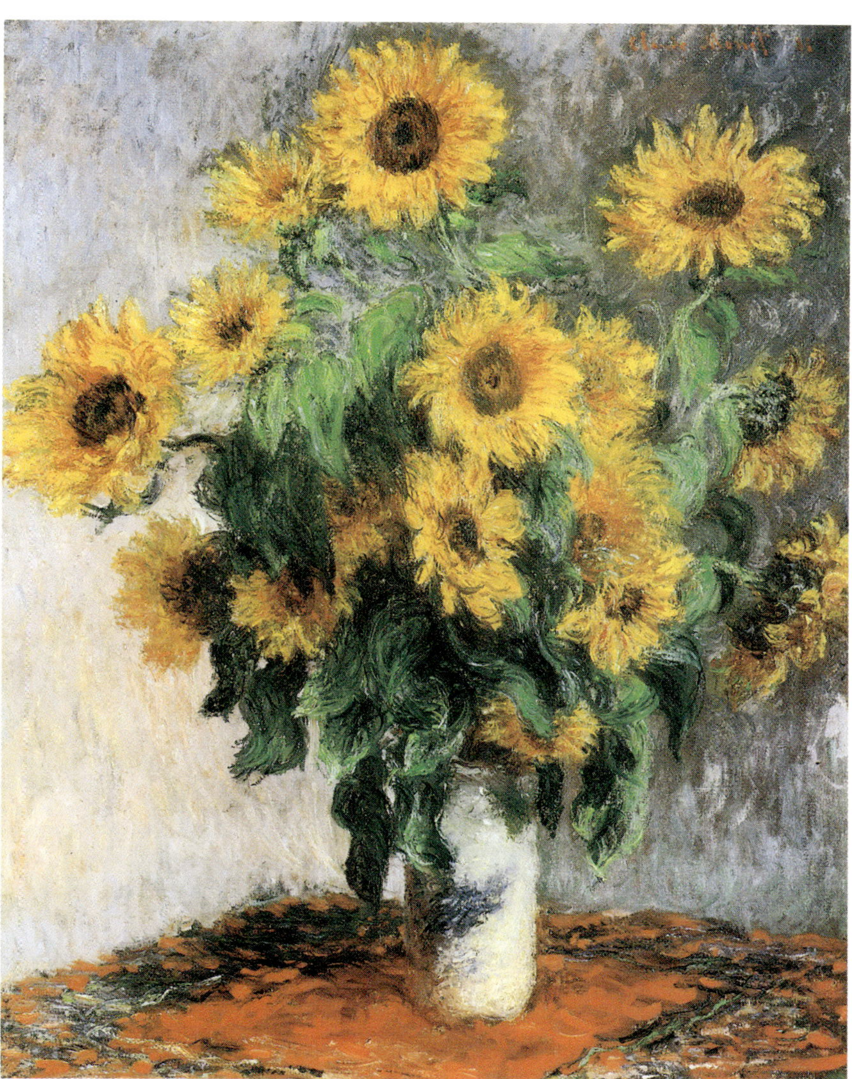
087. *Sunflowers*, 1881

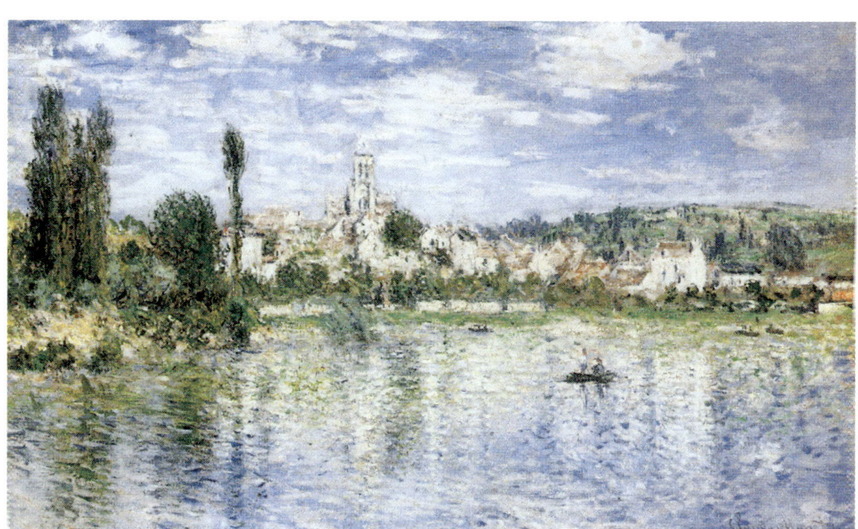
089. *Vétheuil in Summer*, 1880

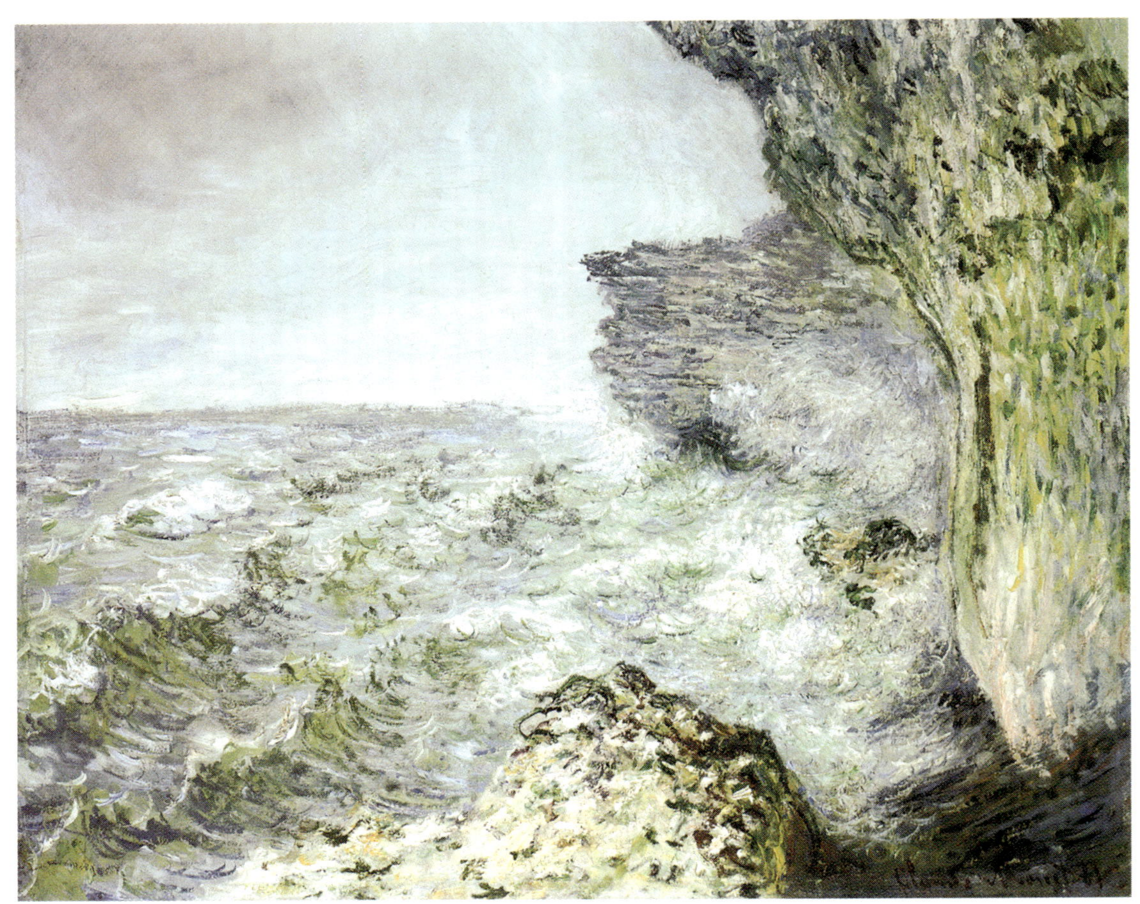

090. *The Sea at Fécamp*, 1881

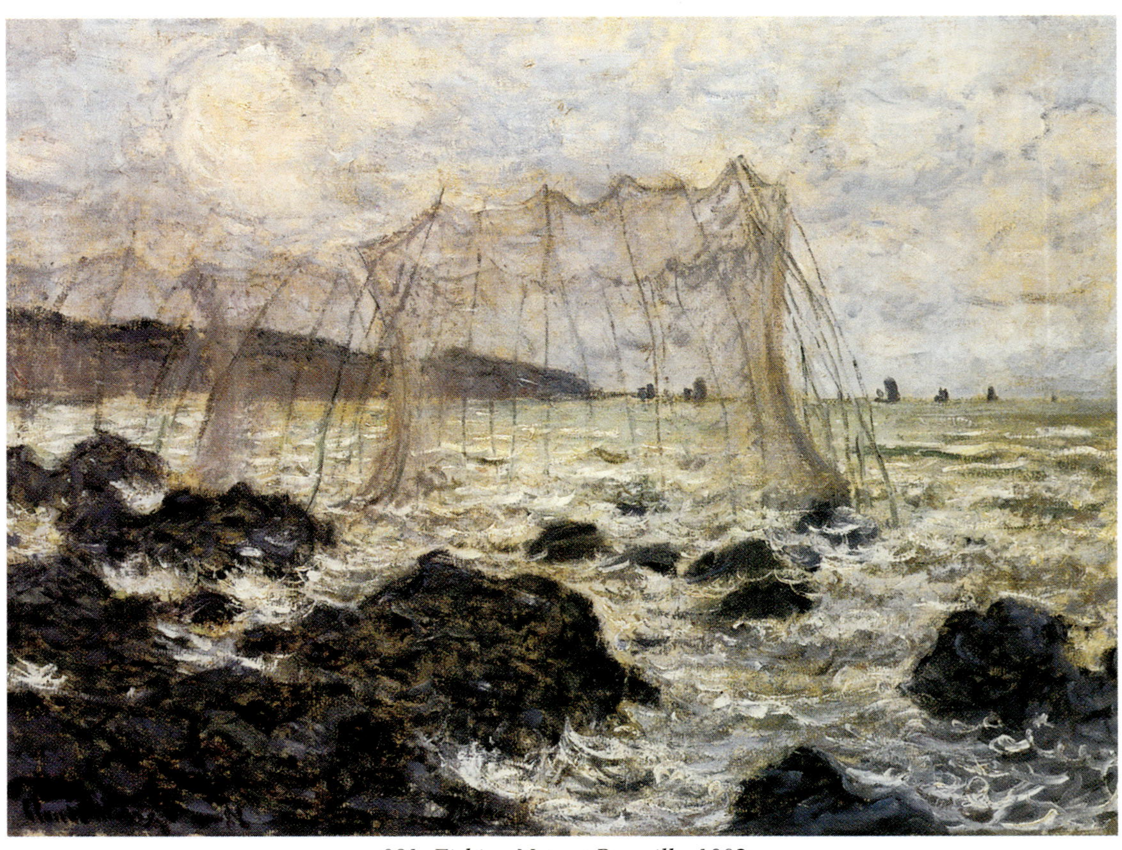

091. *Fishing Nets at Pourville*, 1882

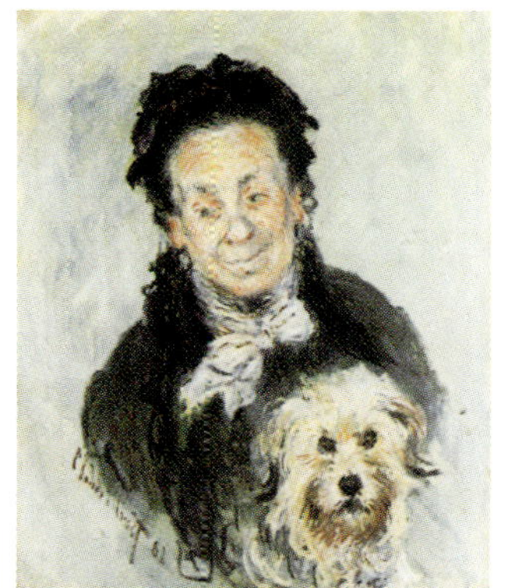

092. *Portrait of Mère Paul*, 1882

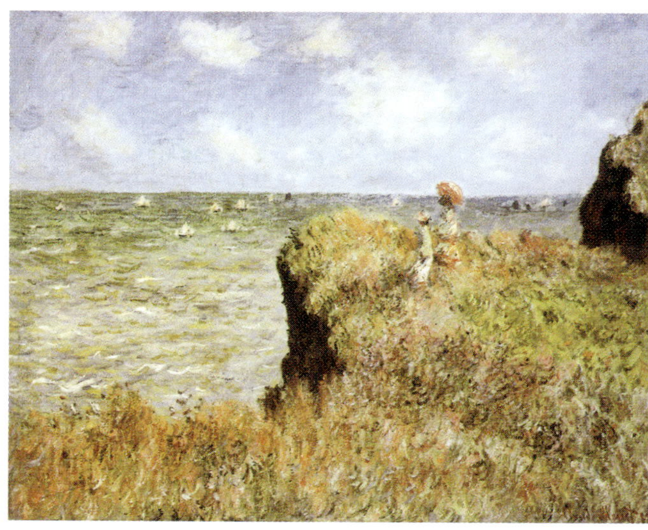

093. *A Walk on the Cliffs at Pourville*, 1882

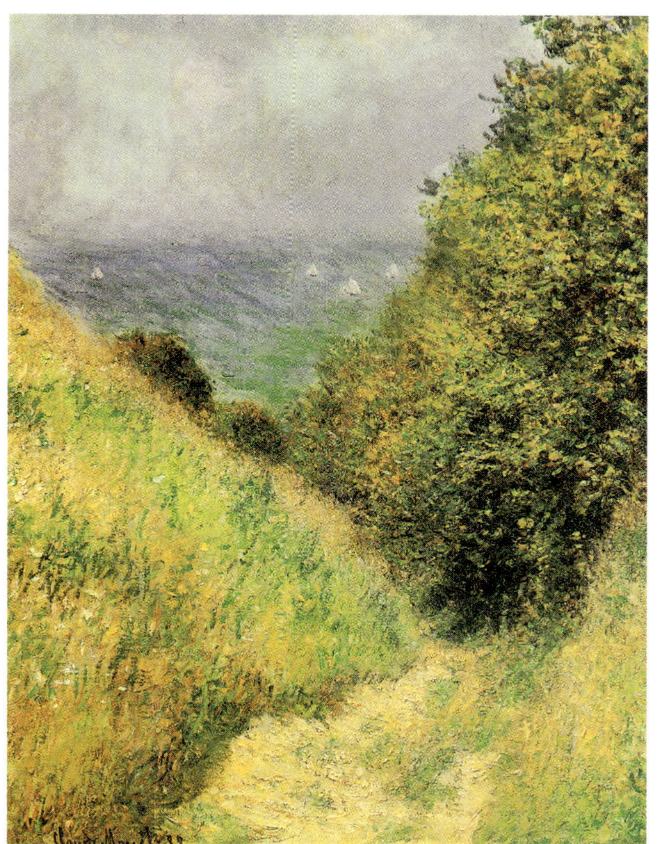

094. *Chemin de la Cavée at Pourville*, 1882

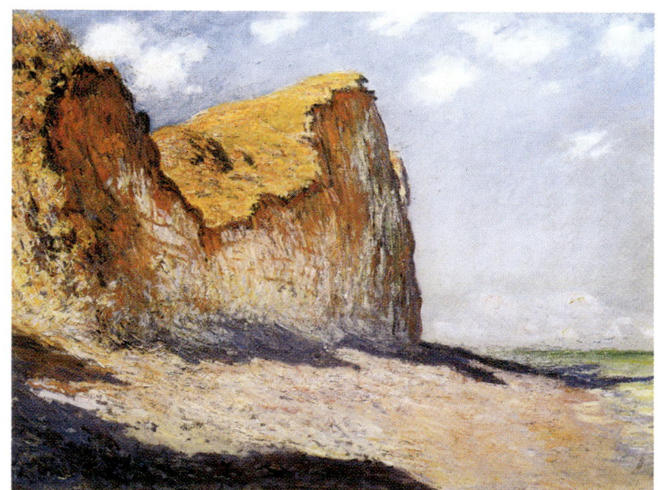

095. *Cliffs near Pourville*, 1882

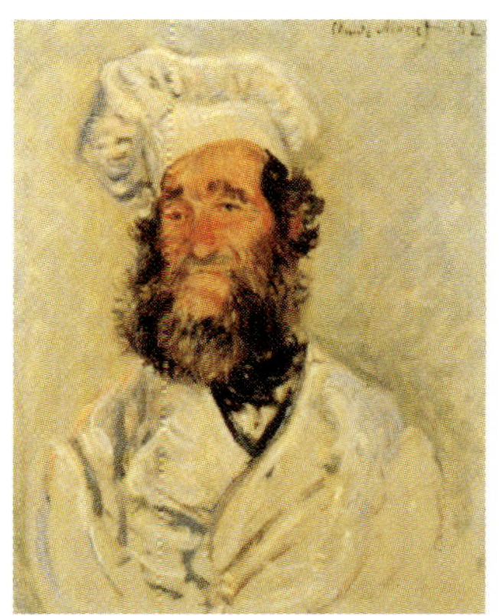

096. *Portrait of Père Paul*, 1882

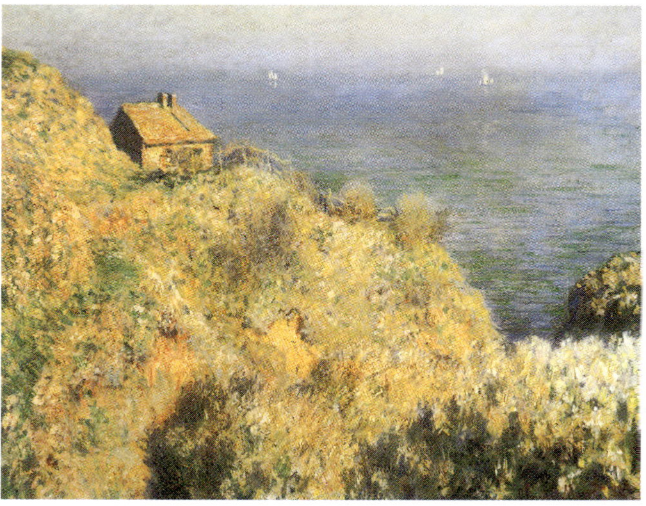

097. *House of the Fisherman, Varengeville*, 1882

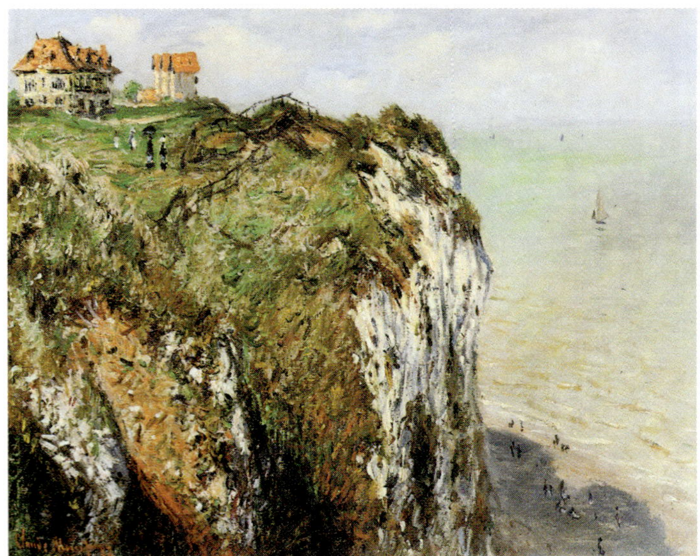

098. *Cliff at Dieppe*, 1882

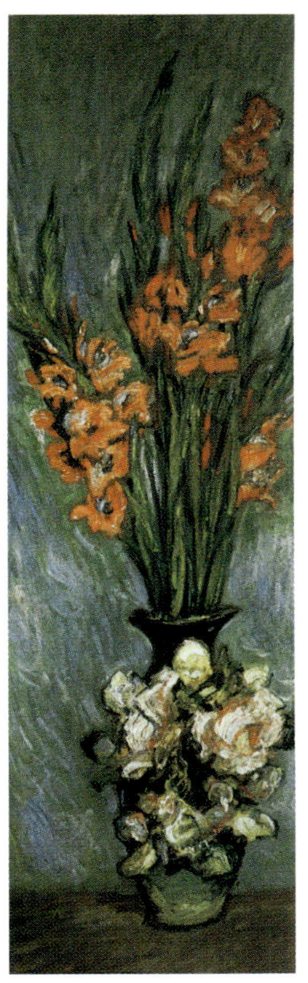

099. *Gladioli*, 1882–85

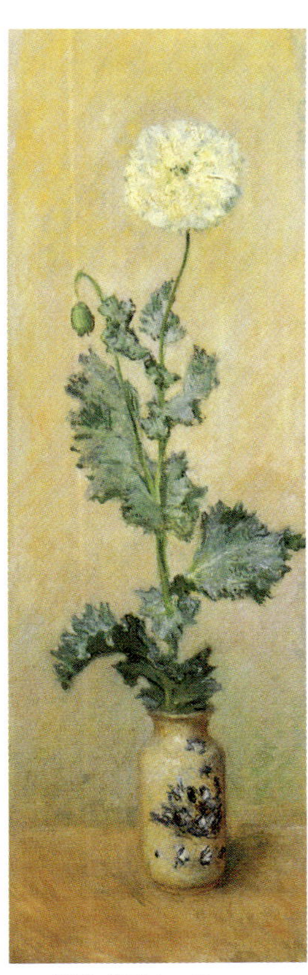

100. *White Poppy (Door A)*, 1883

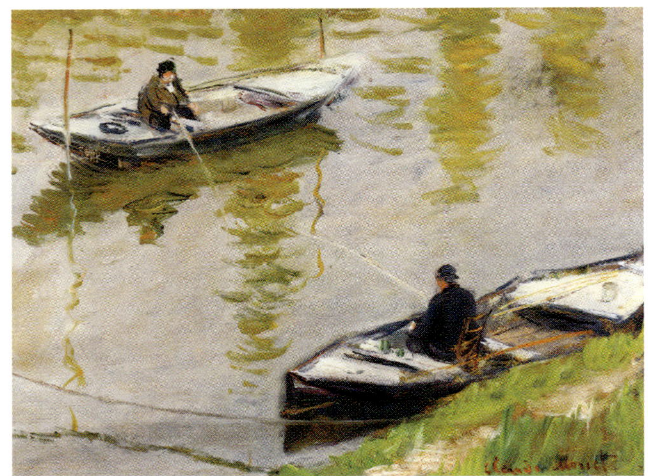

101. *The Two Anglers*, 1882

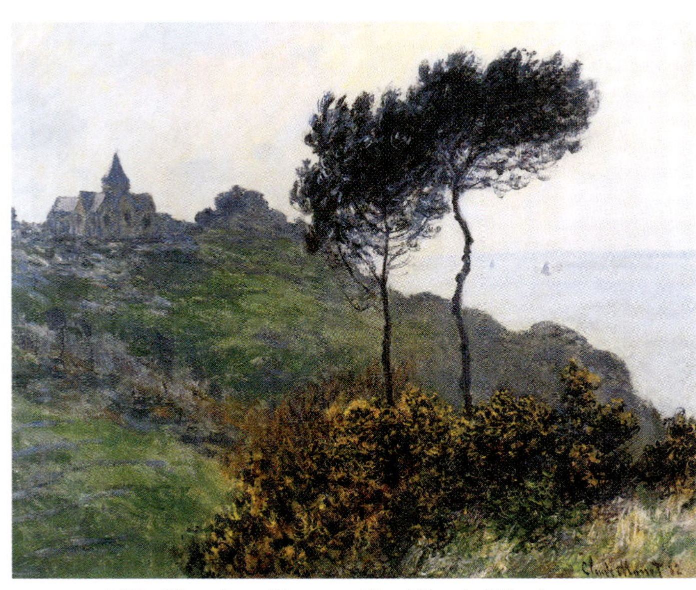

102. *Church at Varengeville, Cloudy Weather*, or *Church on the Cliff, Varengeville*, 1882

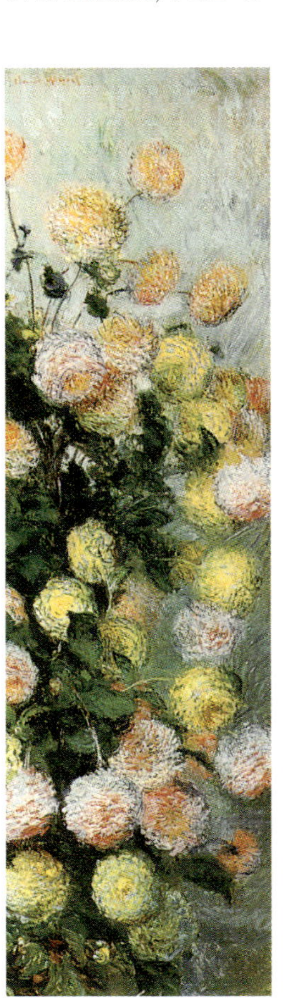

103. *Dahlias (Door C)*, 1883

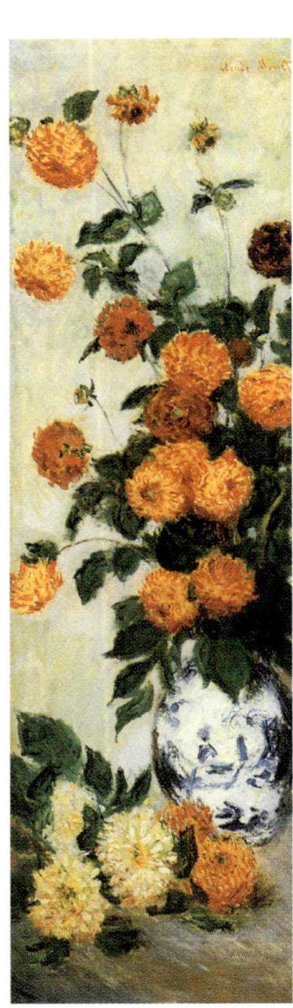

104. *Dahlias*, 1883

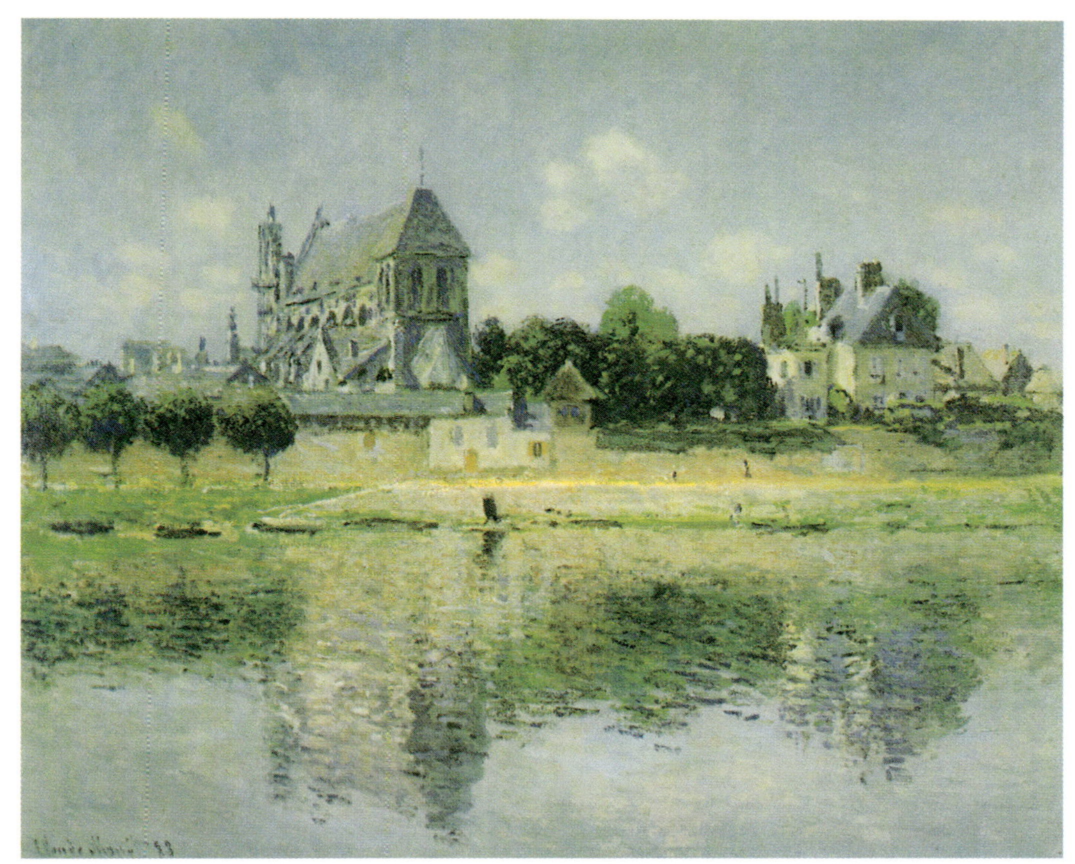

105. *The Church at Vernon*, 1883

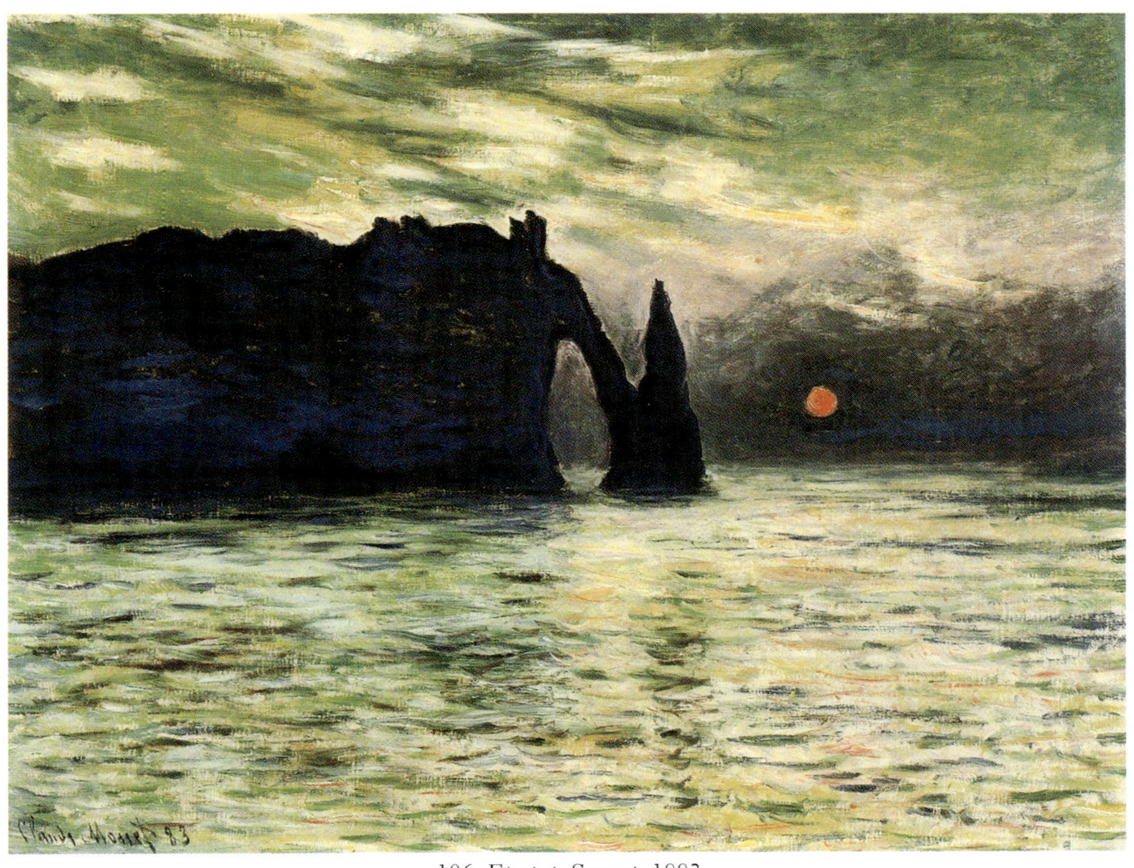

106. *Etretat, Sunset*, 1883

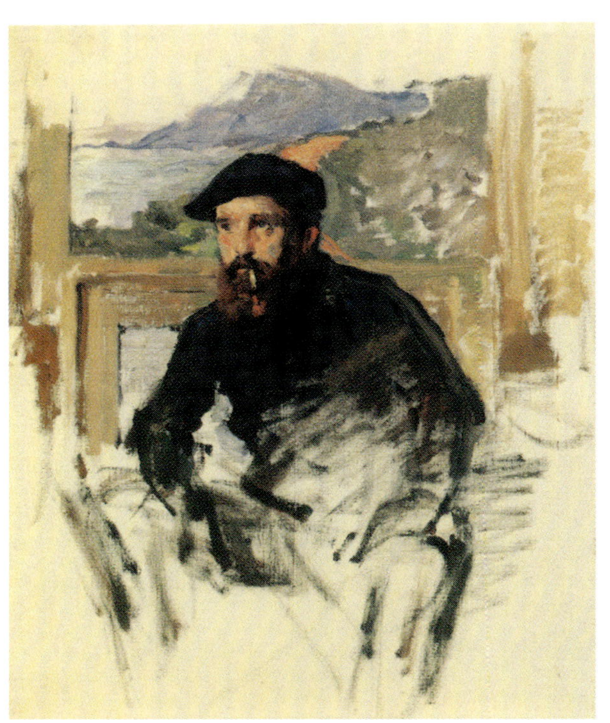

107. *Self-Portrait in His Atelier*, 1884

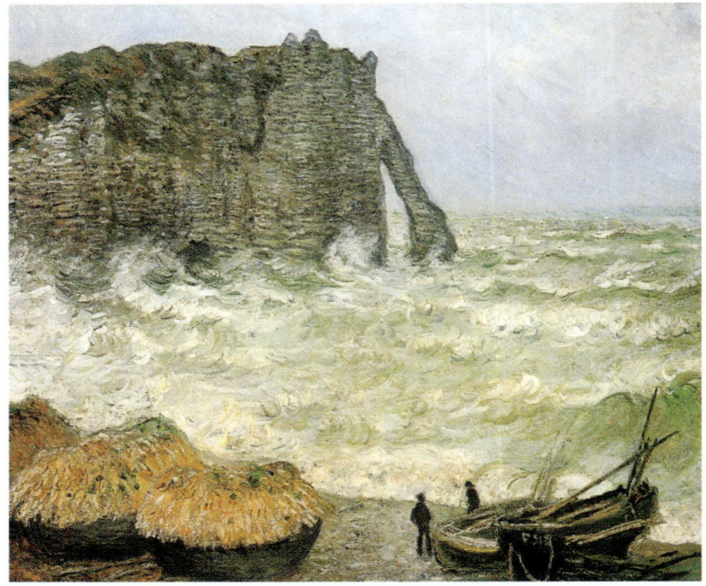

108. *Etretat, Rough Sea*, 1883

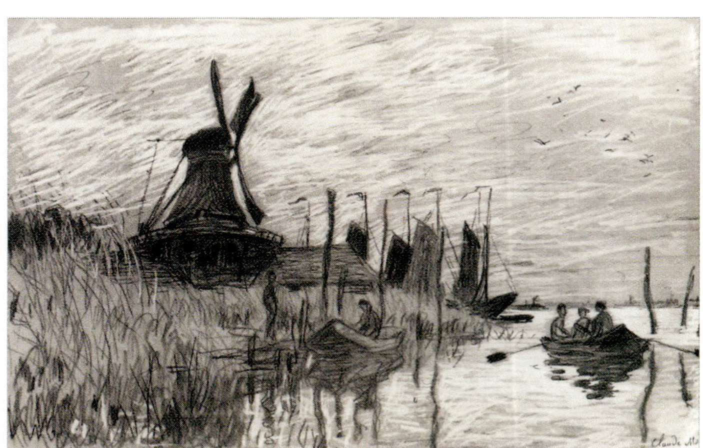

109. *Windmill at Zaandem*, 1883

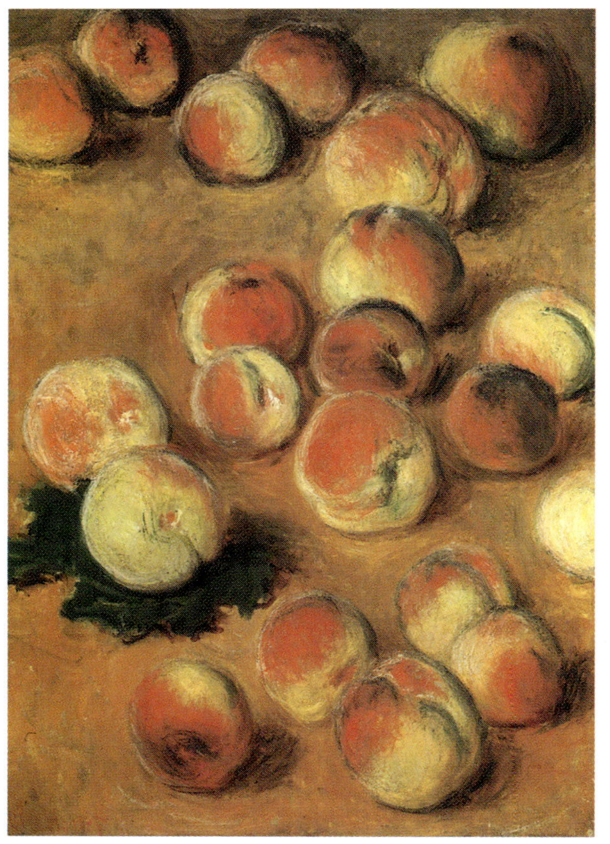

110. *Peaches*, 1883

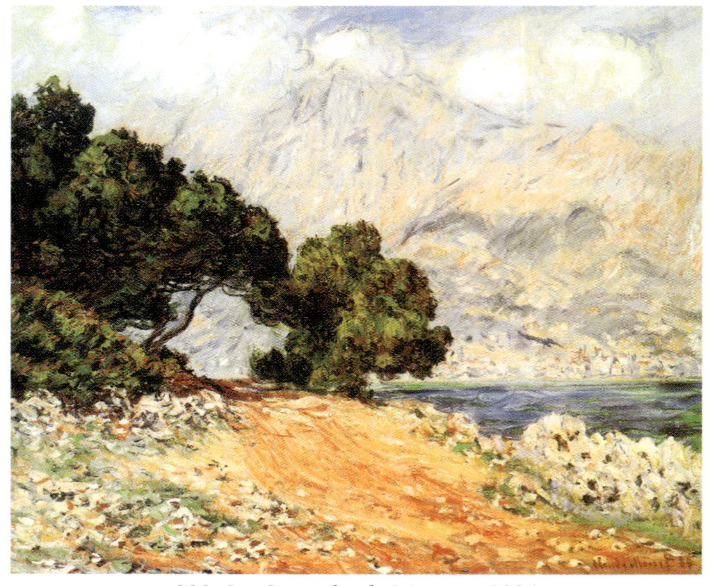

111. *La Corniche de Monaco*, 1884

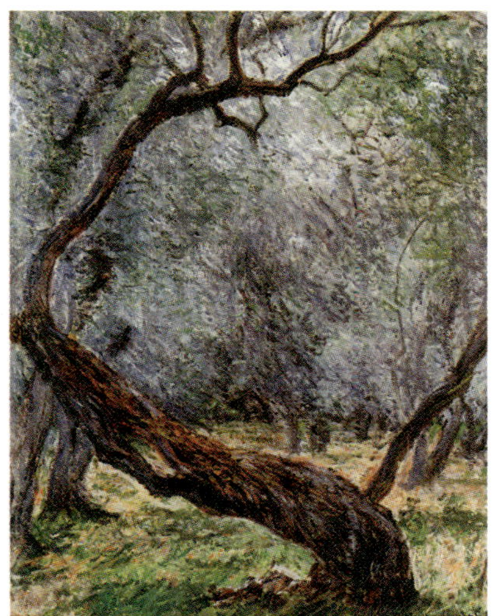

112. *Study of Olive Trees*, 1884

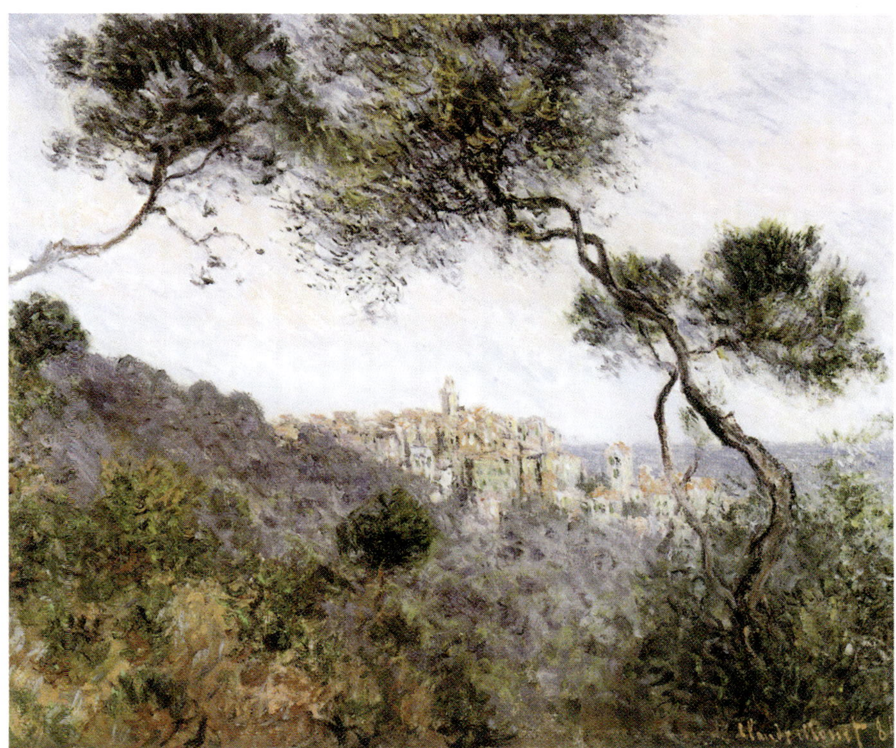

113. *Bordighera, Italy*, 1884

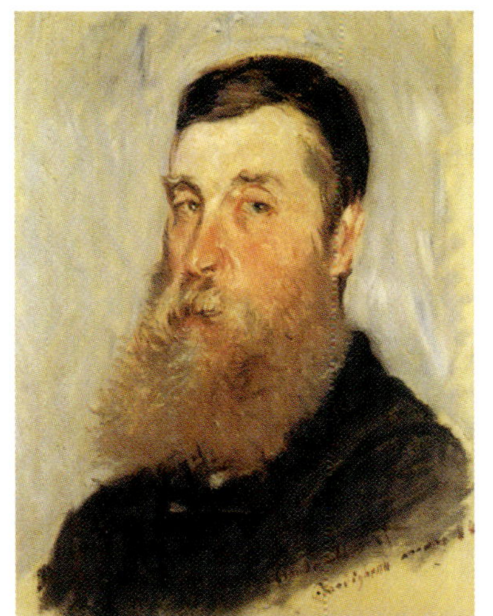

114. *Portrait of an English Painter, Bordighera*, 1884

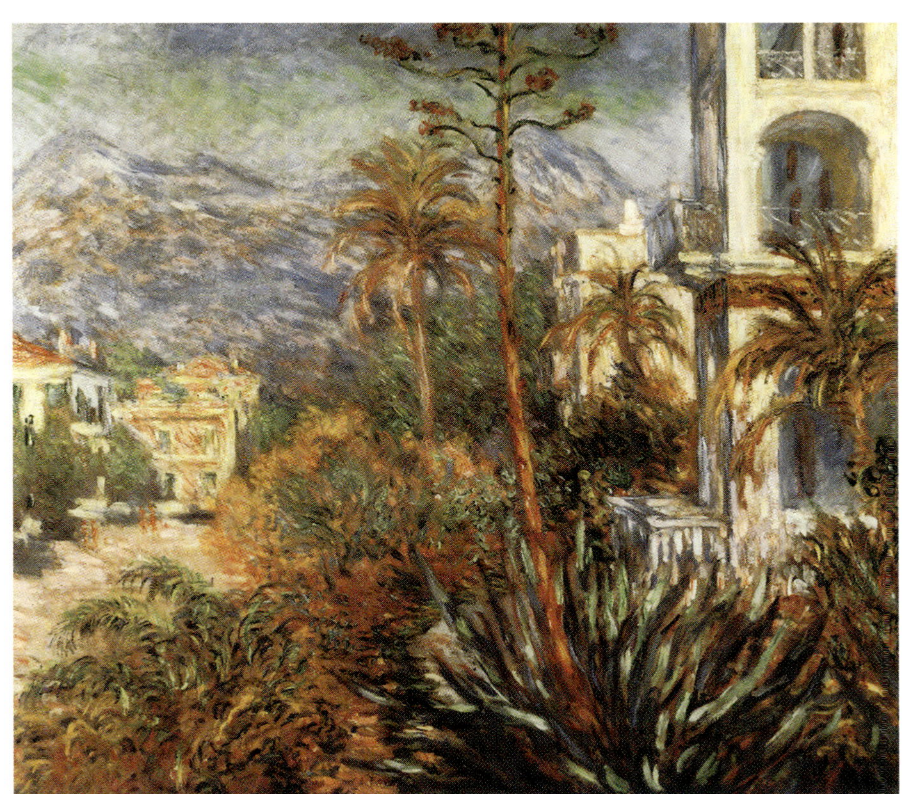

116. *The Villas in Bordighera*, 1884

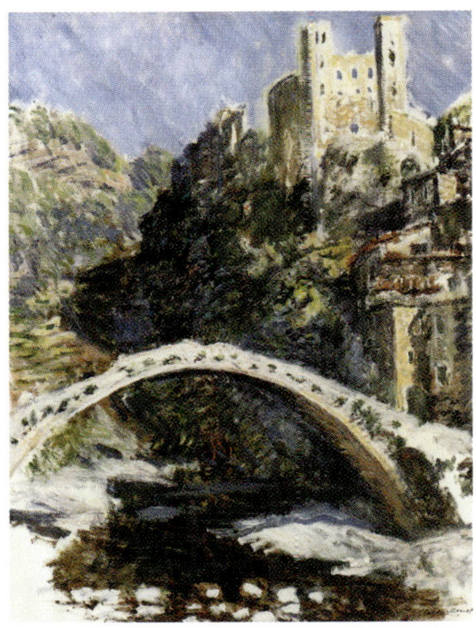

115. *The Dolceacqua Castle*, 1884

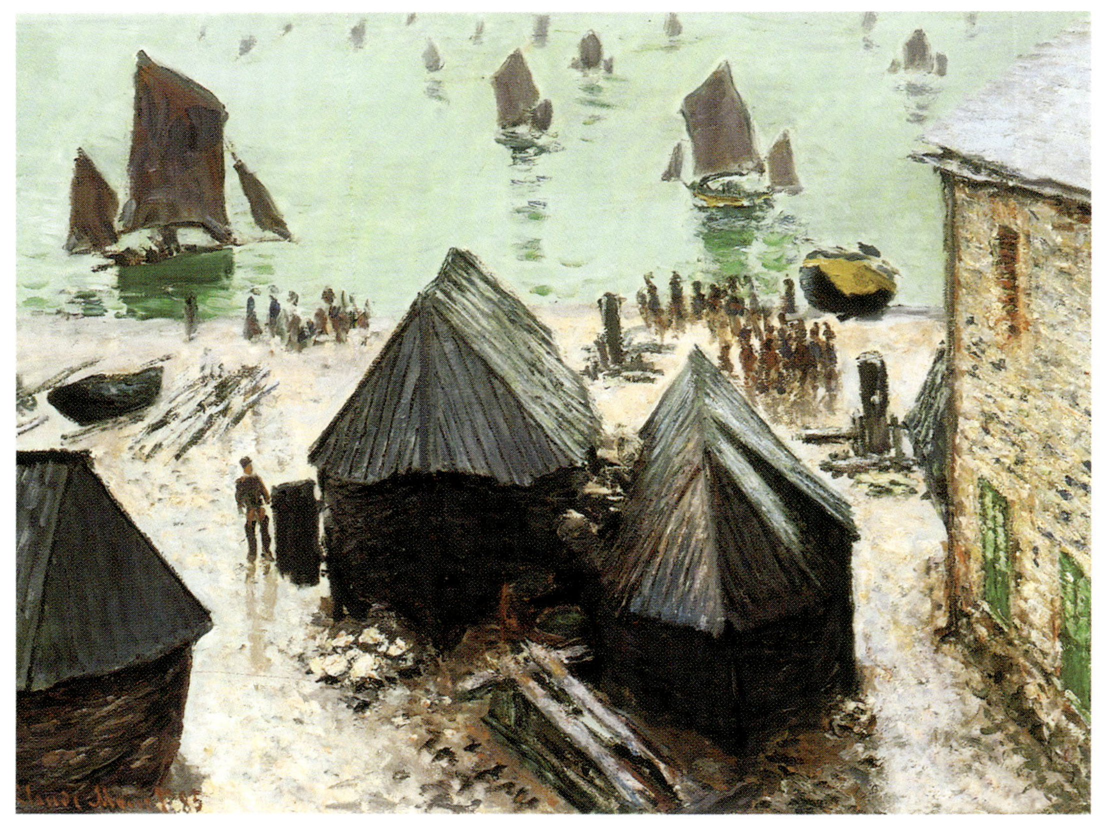

117. *The Departure of the Boats, Etretat*, 1885

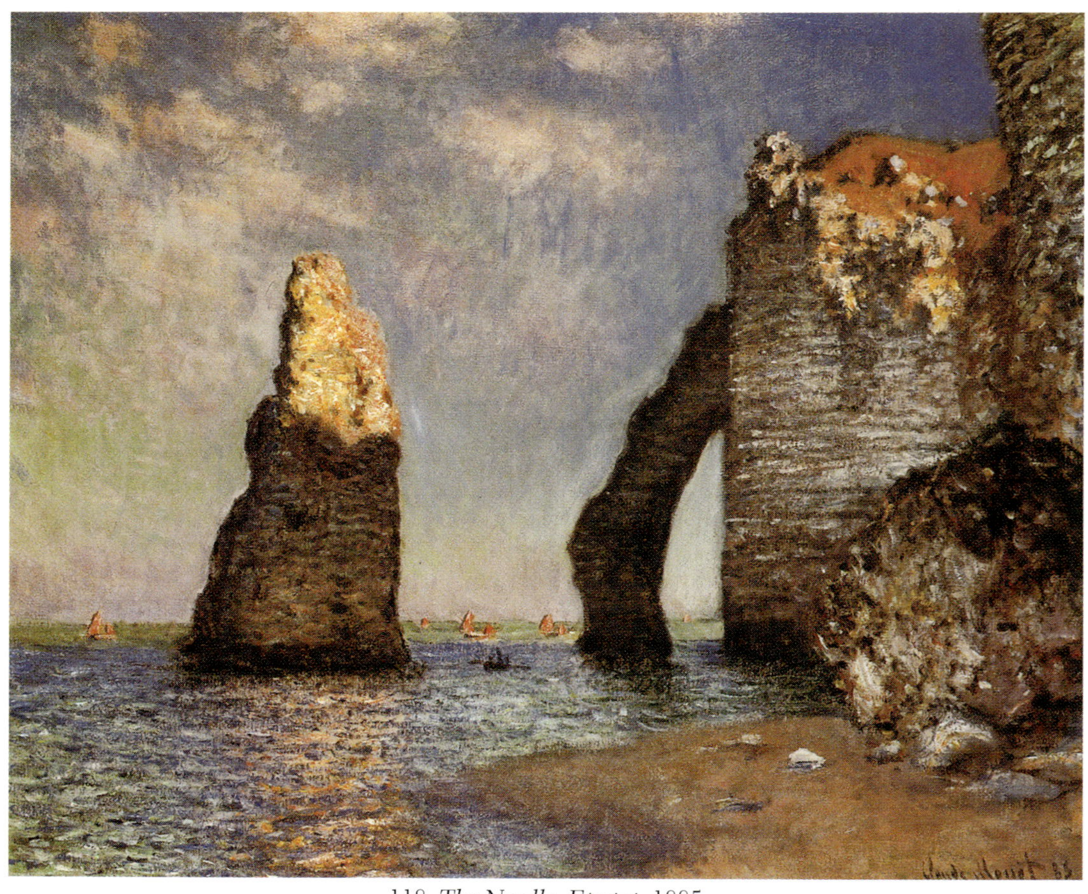

118. *The Needle, Etretat*, 1885

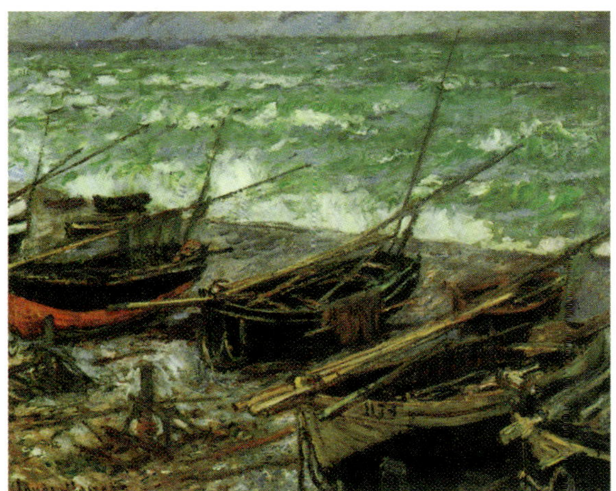

119. *Fishing Boats*, 1885

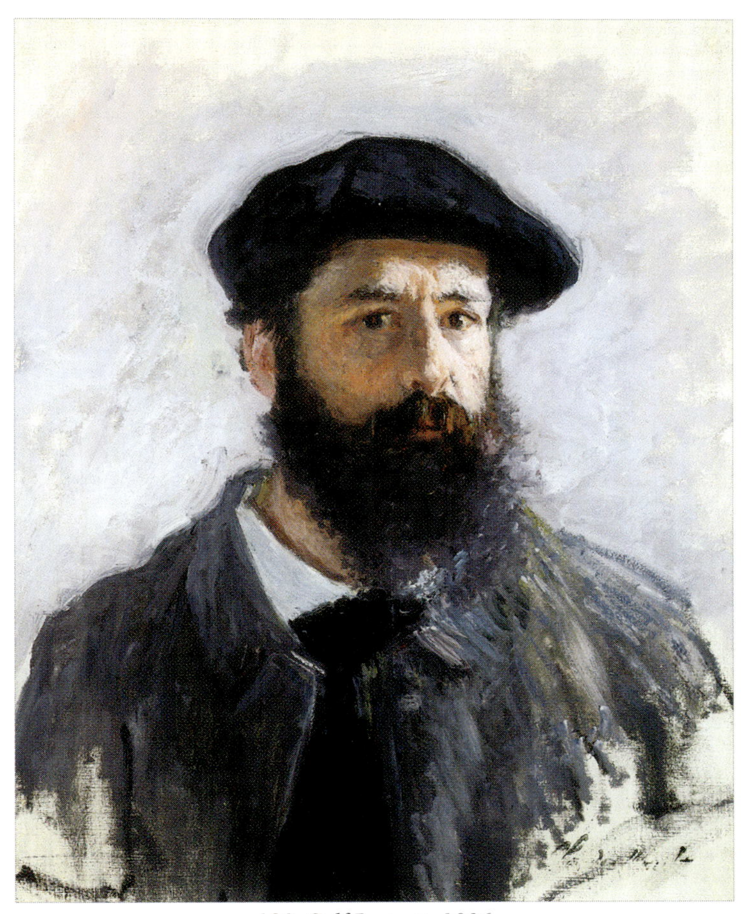

120. *Self-Portrait*, 1886

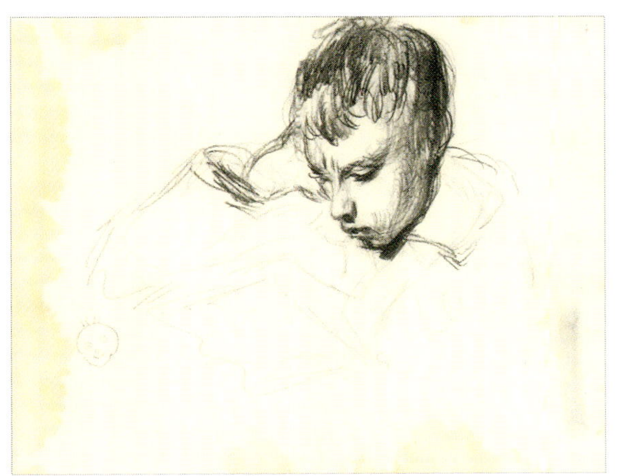

121. *Michel Monet Reading*, 1885

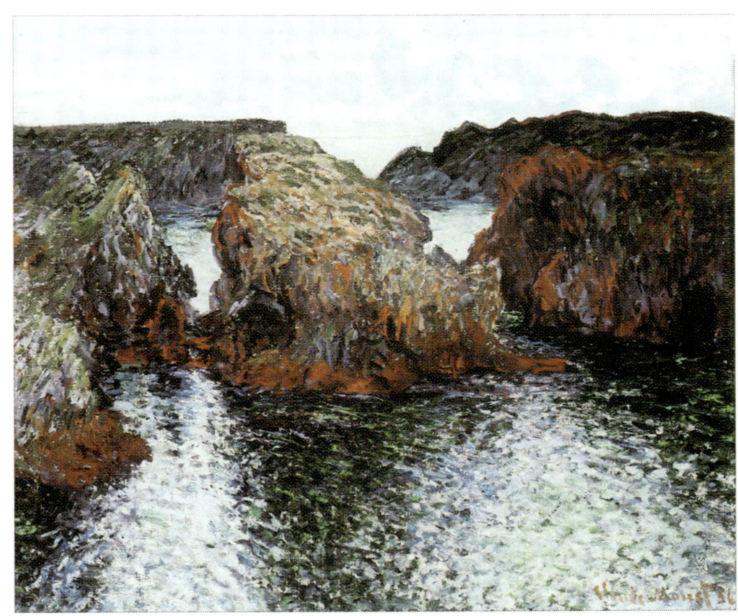

123. *Rocks at Belle-Île*, 1886

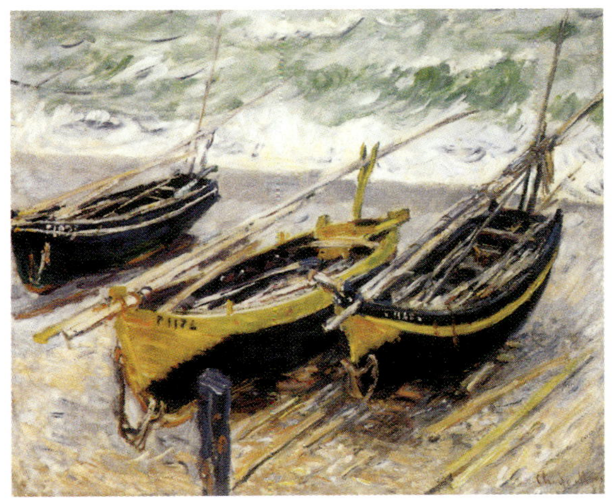

122. *Three Fishing Boats*, 1886

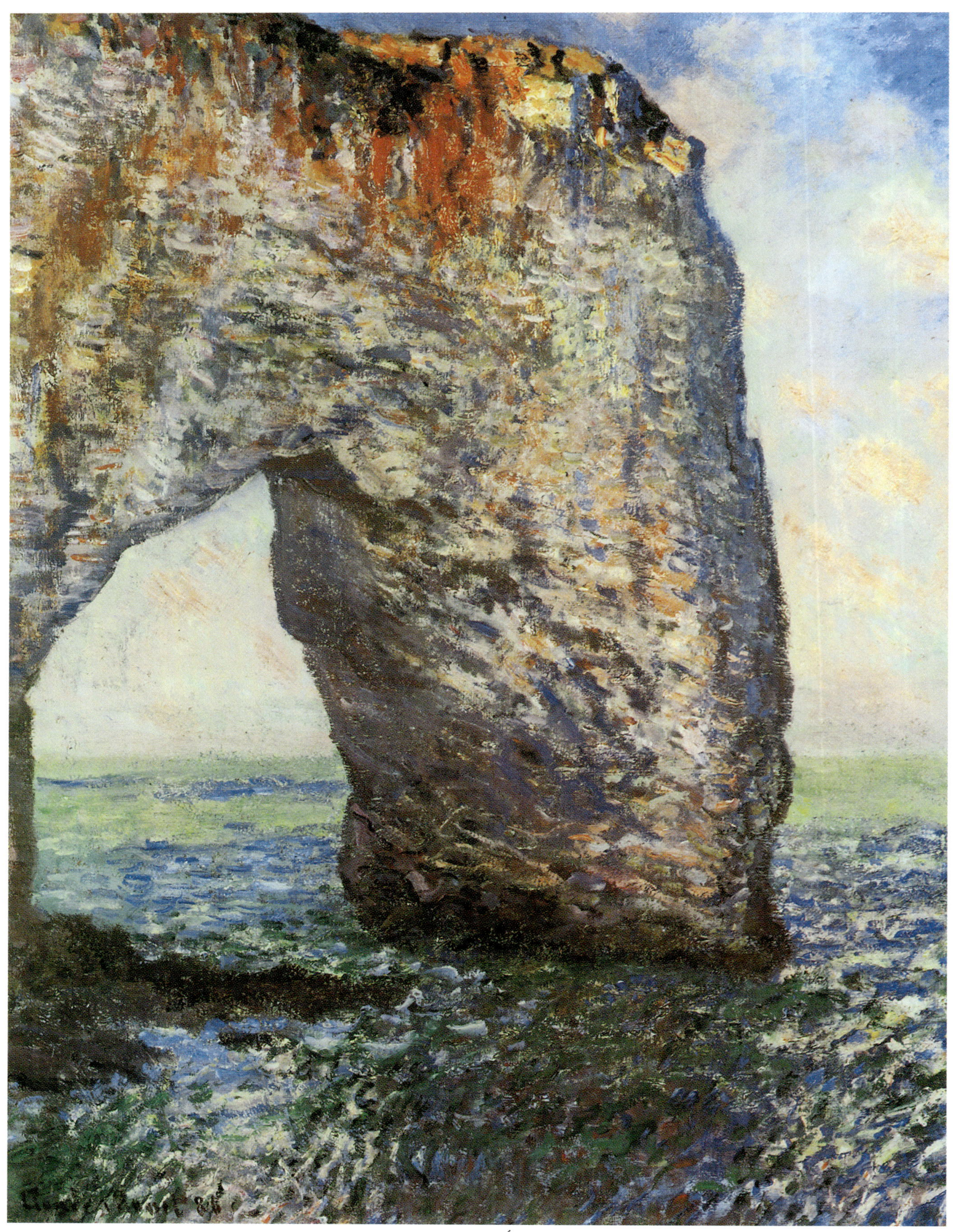

124. *The Manneporte, Étretat, II*, 1886

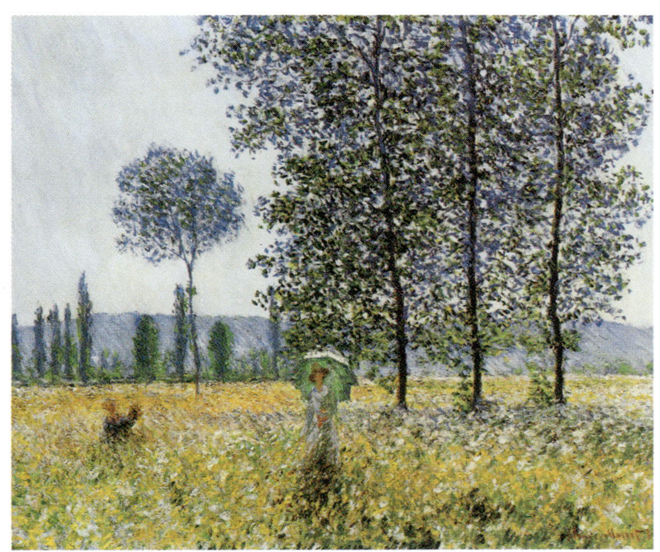

125. *Sunlight Effect under the Poplars*, 1887

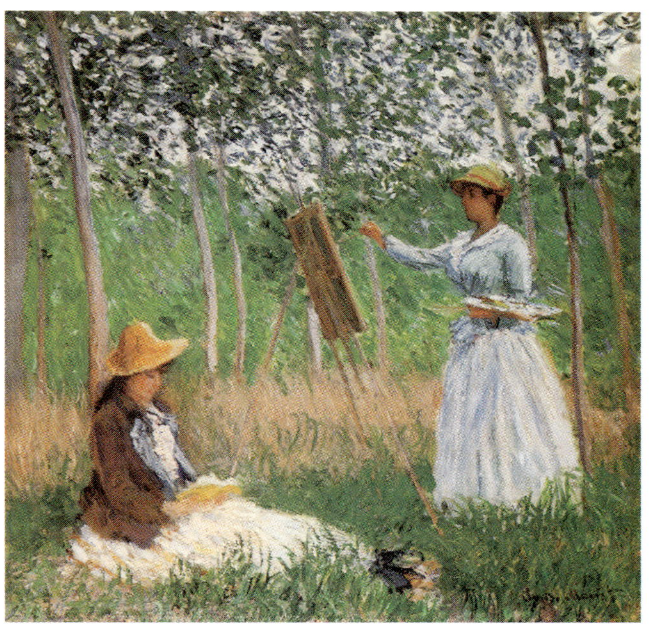

126. *Suzanne Reading and Blanche Painting by the Marsh at Giverny*, 1887

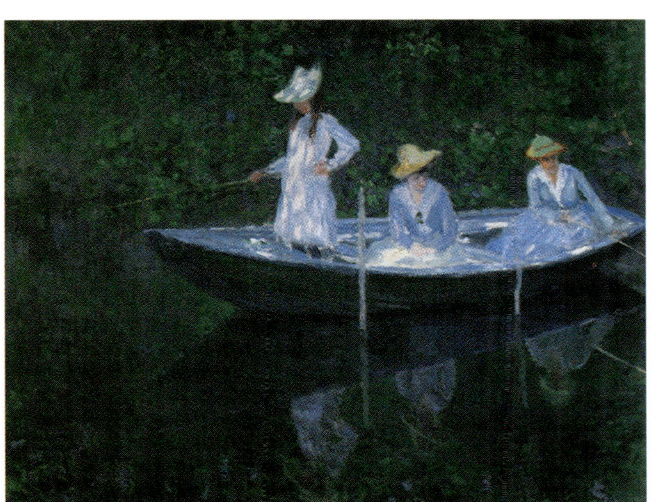

127. *In the "Norvégienne,"* 1887

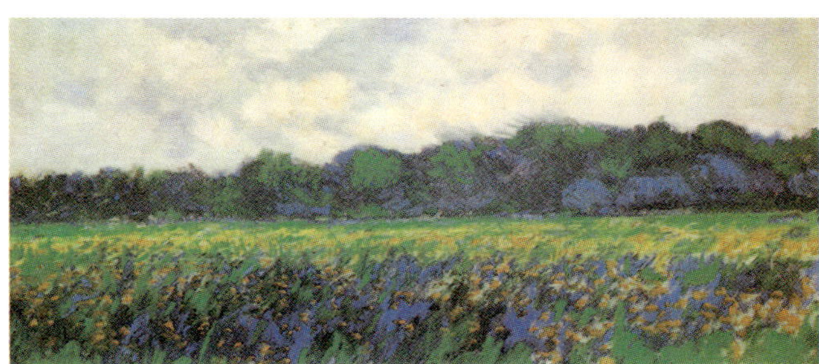

128. *Iris Field at Giverny*, 1887

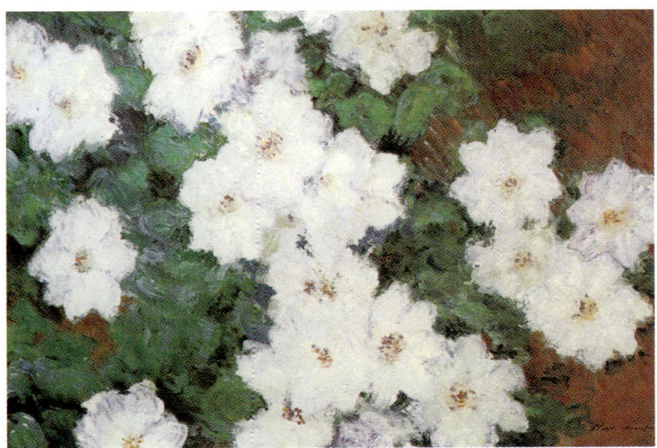

129. *Clematis*, 1887

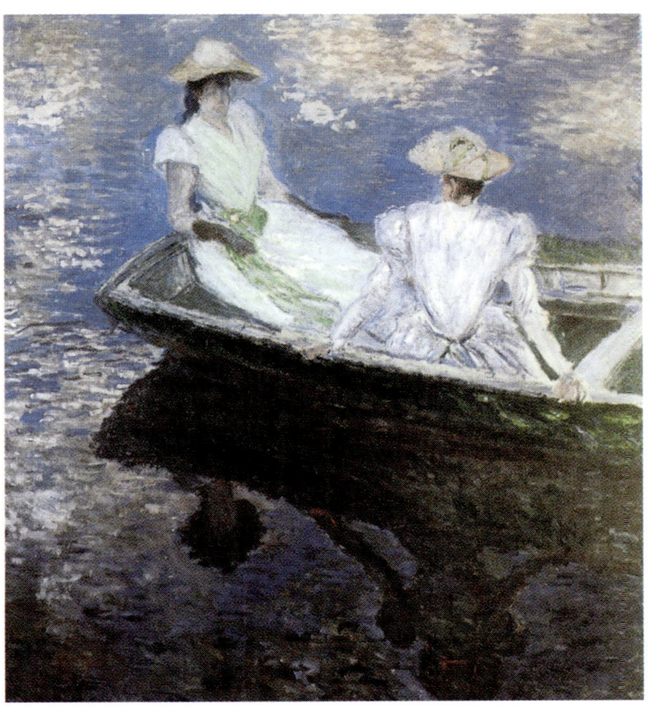

130. *Young Girls in the Rowing Boat*, 1887

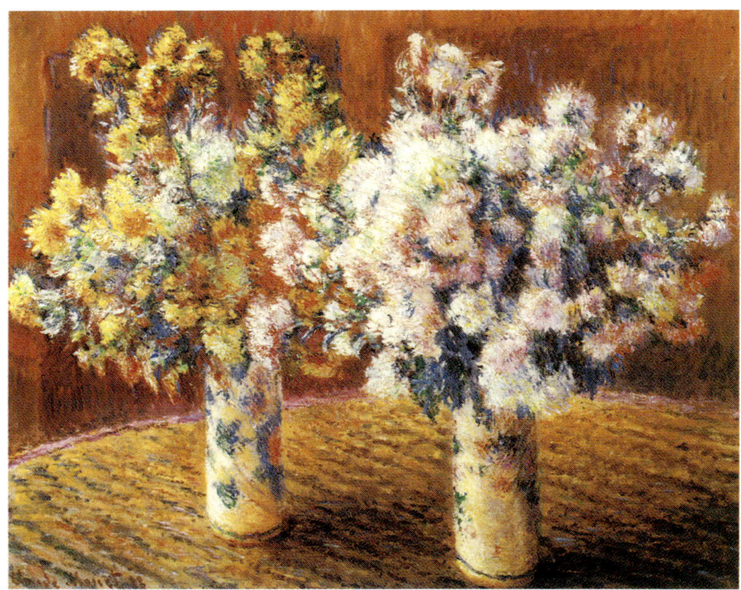

131. *Two Vases of Chrysanthemums*, 1888

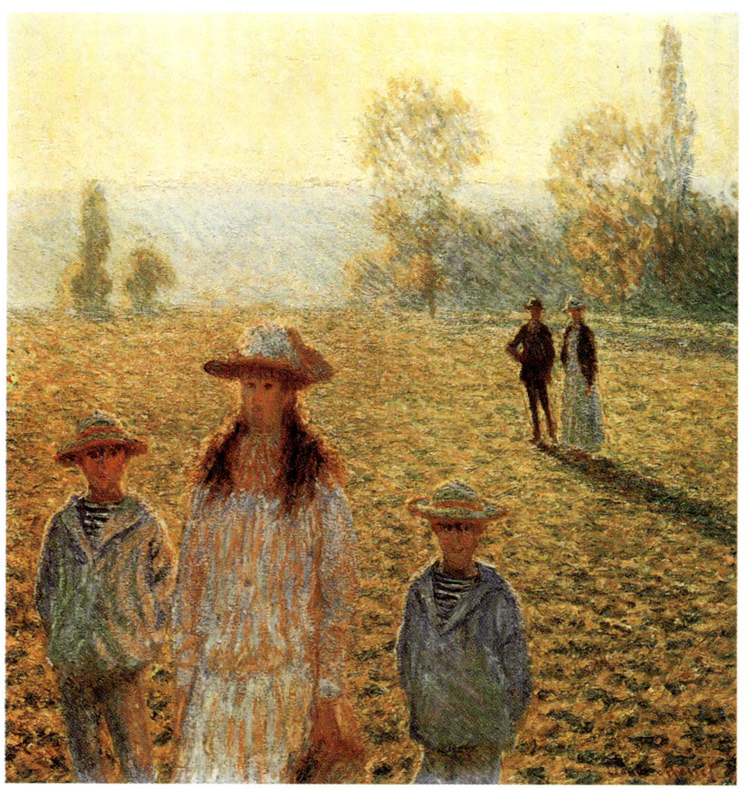

135. *Landscape with Figures, Giverny*, 1888

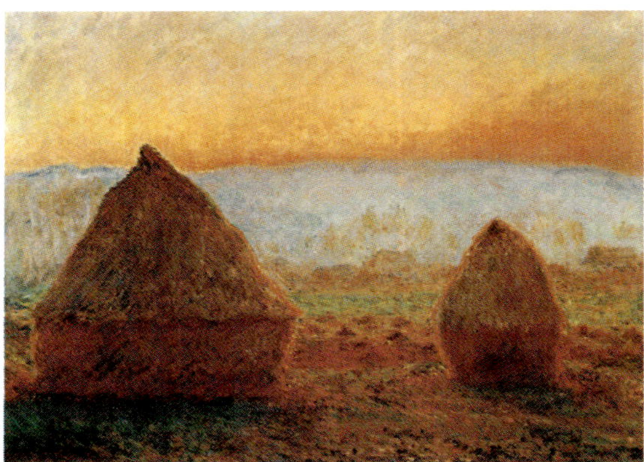

132. *Grainstacks at Giverny, Sunset*, 1888–89

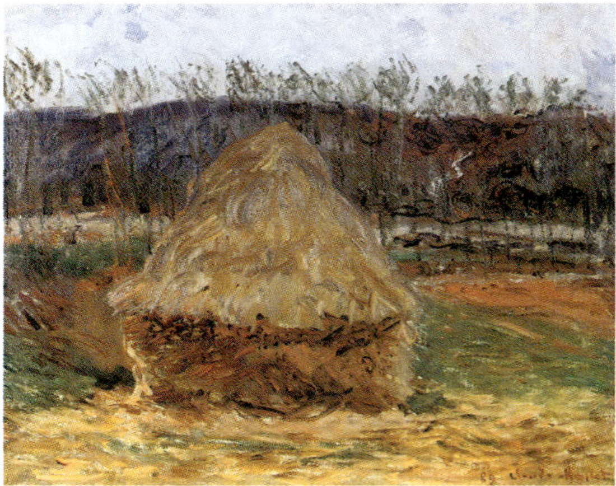

133. *Grainstack at Giverny*, 1889

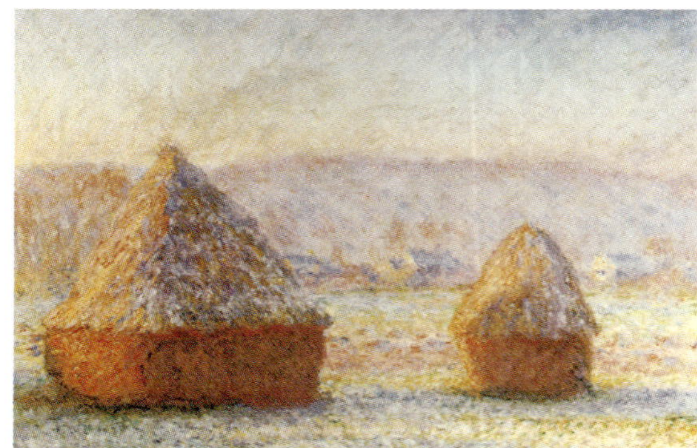

134. *Grainstacks, White Frost Effect*, 1889

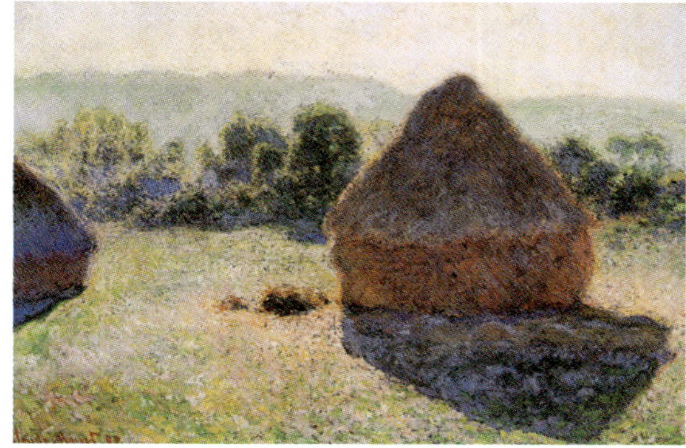

136. *Haystacks at Noon*, 1890

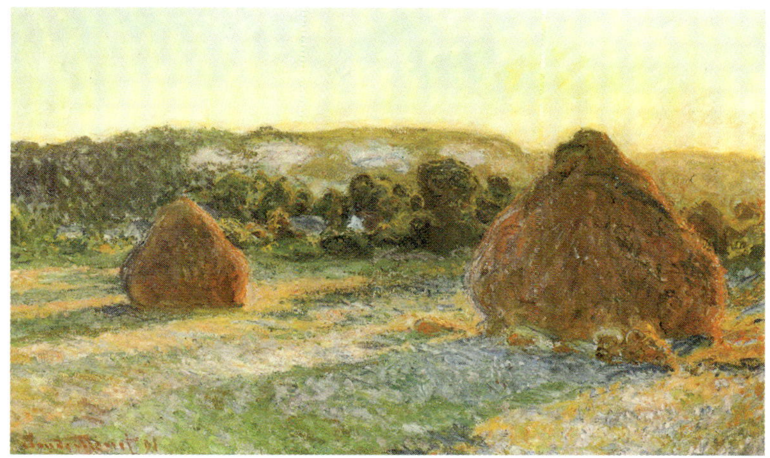

137. *Wheatstacks (End of Summer)*, 1890–91

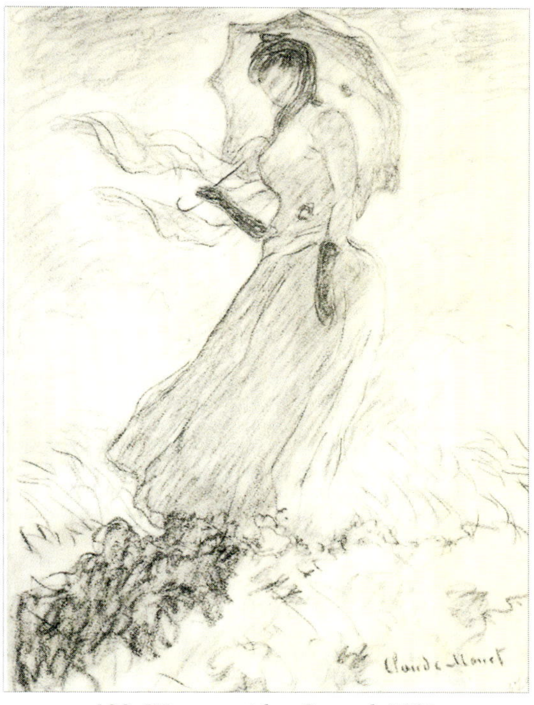

138. *Woman with a Parasol*, 1891

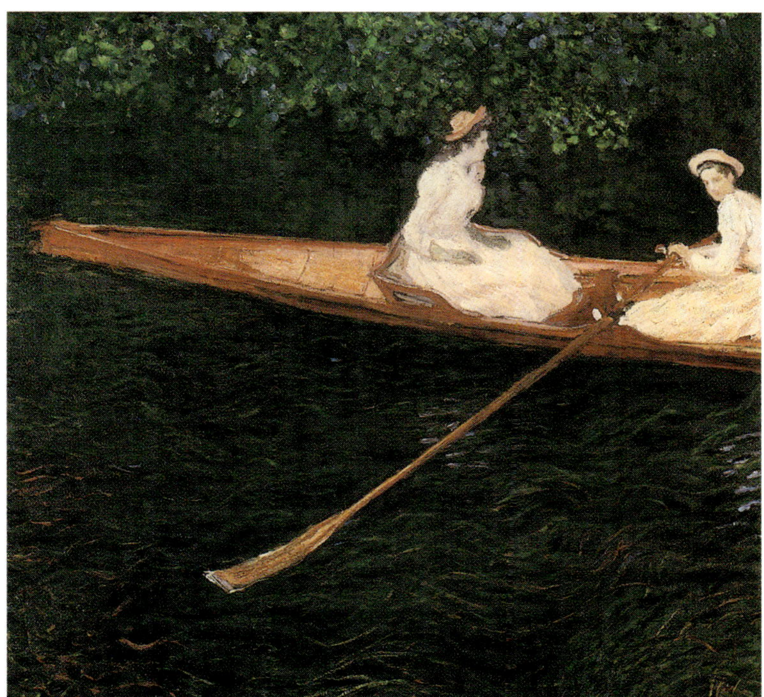

139. *Boating on the Epte*, 1890

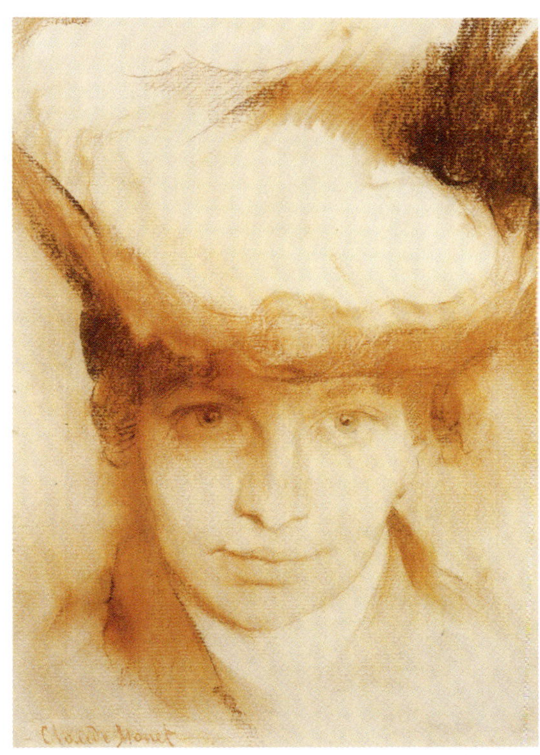

141. *Portrait of a Woman*, c. 1890–95

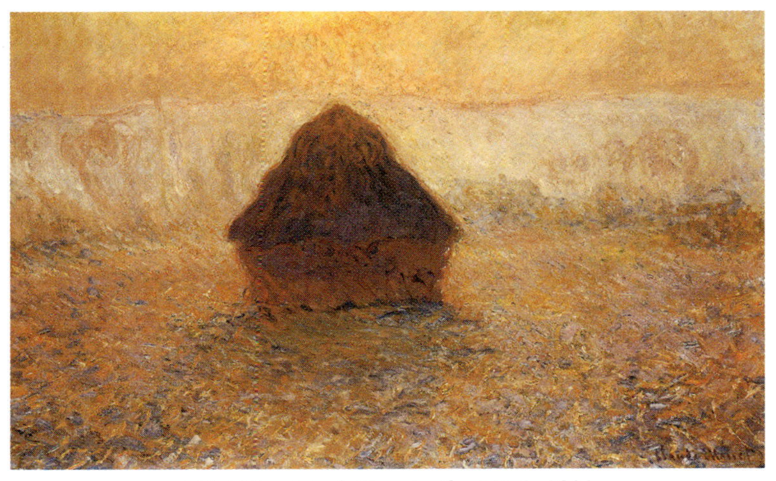

140. *Wheatstack (Sun in the Mist)*, 1891

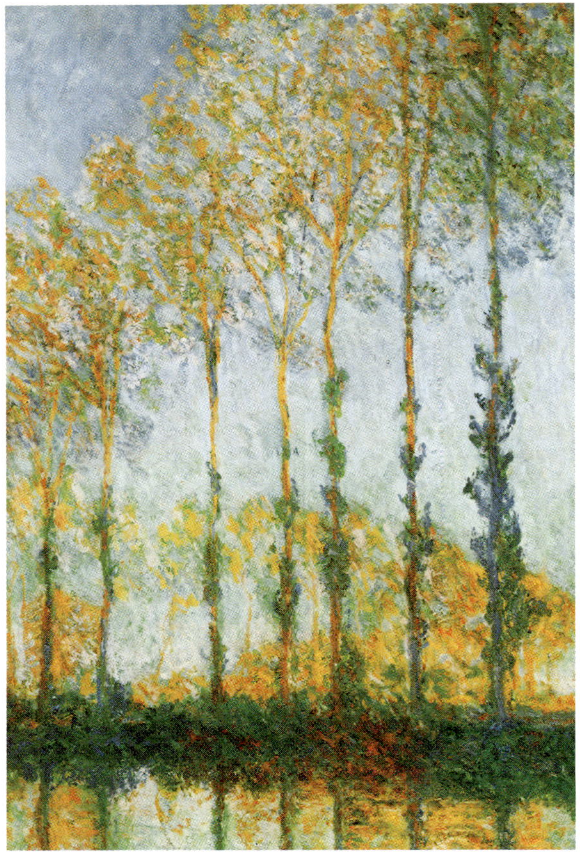

142. *Poplars, White and Yellow Effect,* 1891

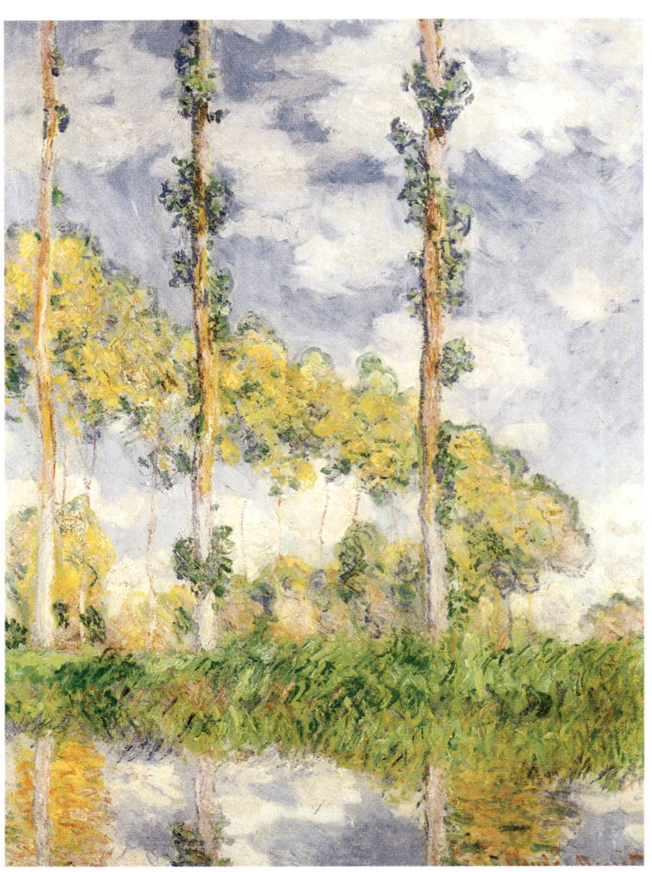

143. *Poplars (Summer)*, 1891

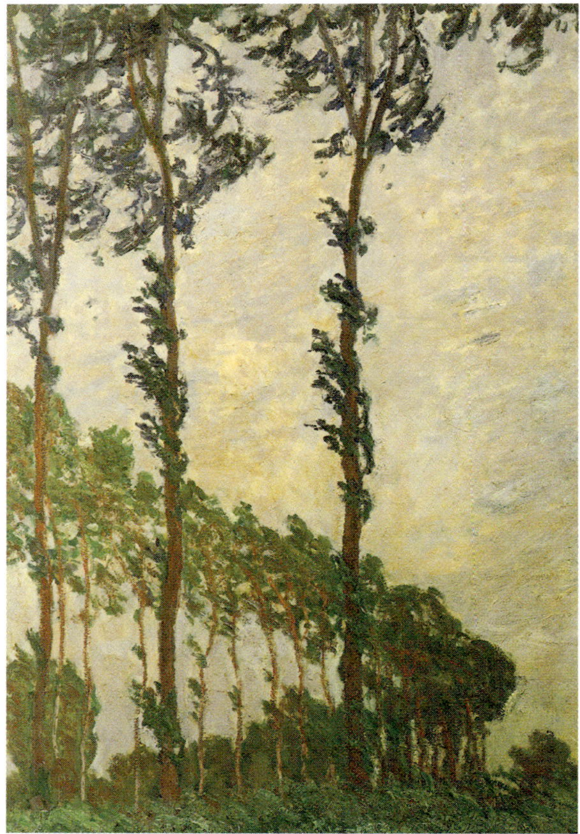

144. *Wind Effect, Poplar Series*, 1891

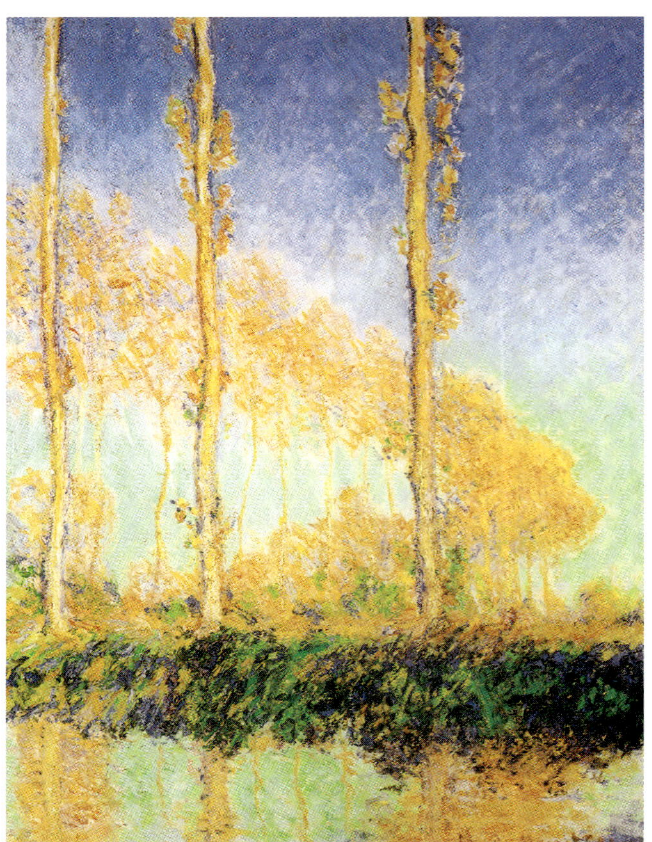

145. *The Poplars, Three Trees, Fall*, 1891

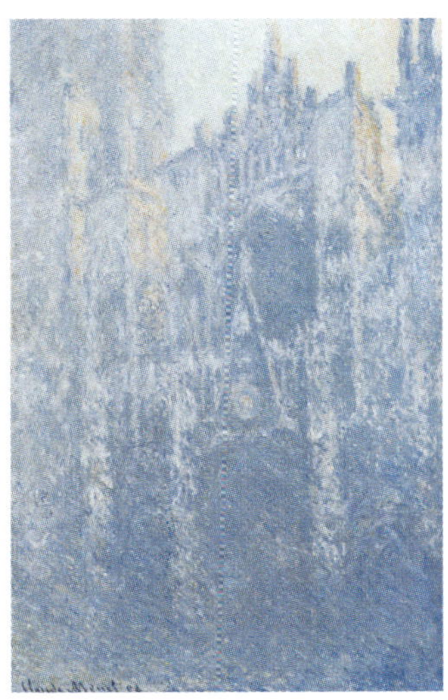

146. *The Portal (Morning Fog)*, 1893

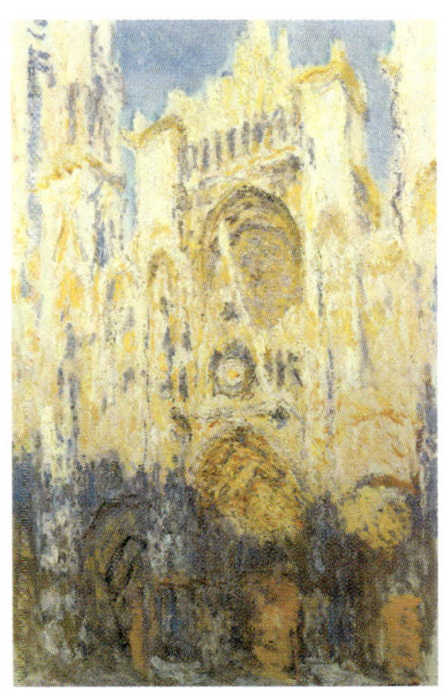

147. *Rouen Cathedral, Façade, (Sunset)*, 1892–94

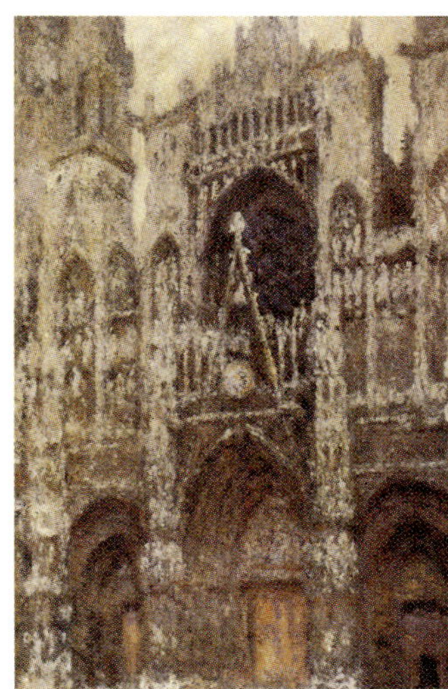

148. *Rouen Cathedral, Façade, (Gray day)*, 1894

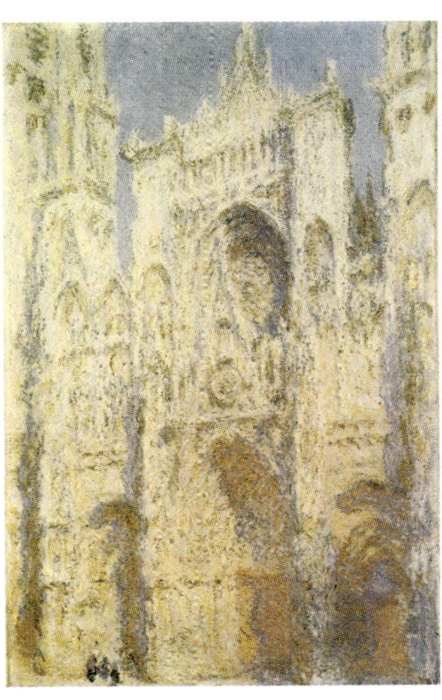

149. *Rouen Cathedral*, 1894

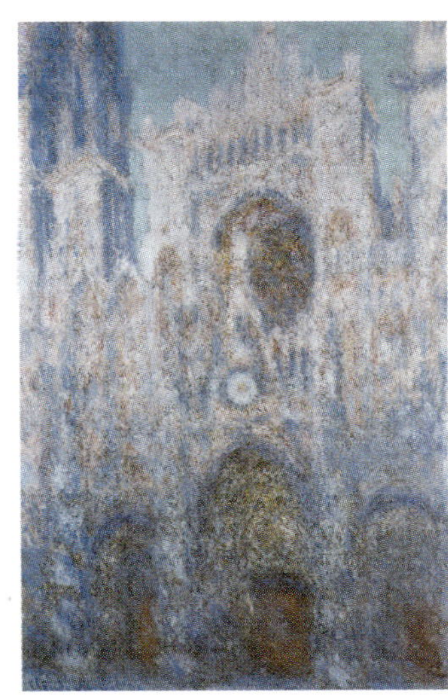

150. *Rouen Cathedral, Symphony in Grey and Rose*, 1892

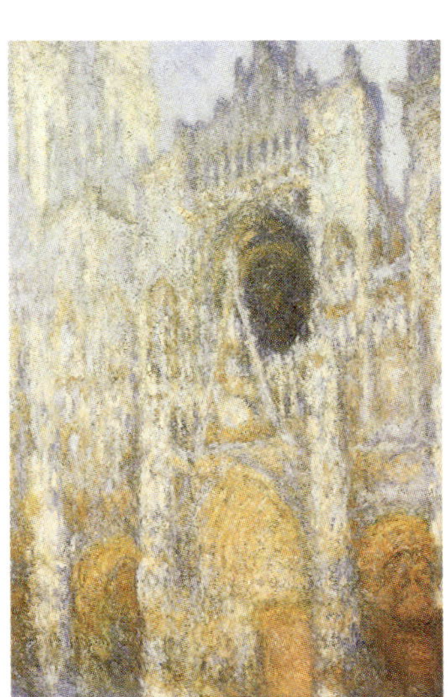

151. *Rouen Cathedral at Dawn*, 1894

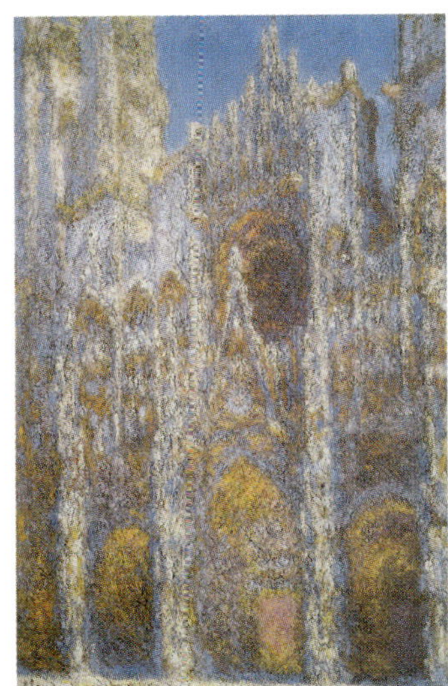

152. *Rouen Cathedral, Façade*, 1892–94

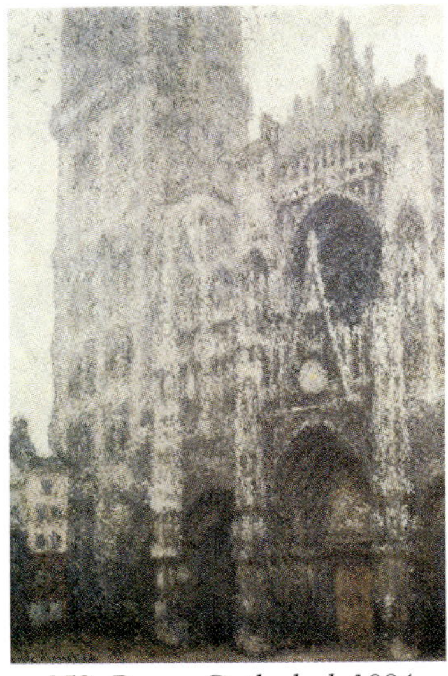

153. *Rouen Cathedral*, 1894

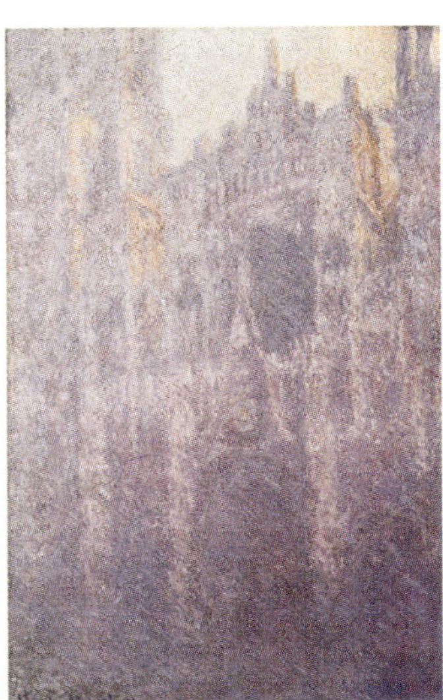

154. *The Façade, Morning Mist*, 1894

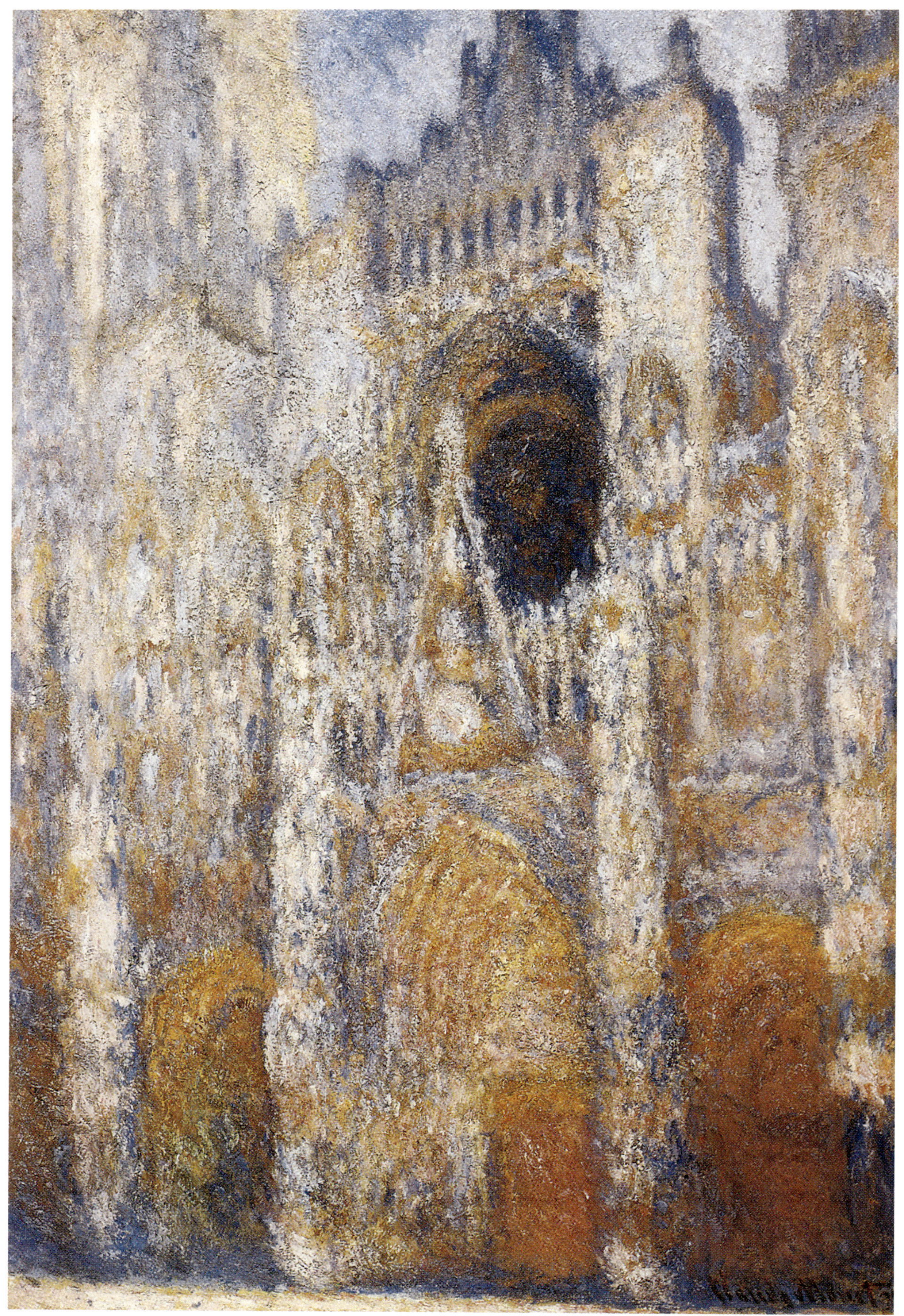

155. *Rouen Cathedral, Façade,* 1892–94

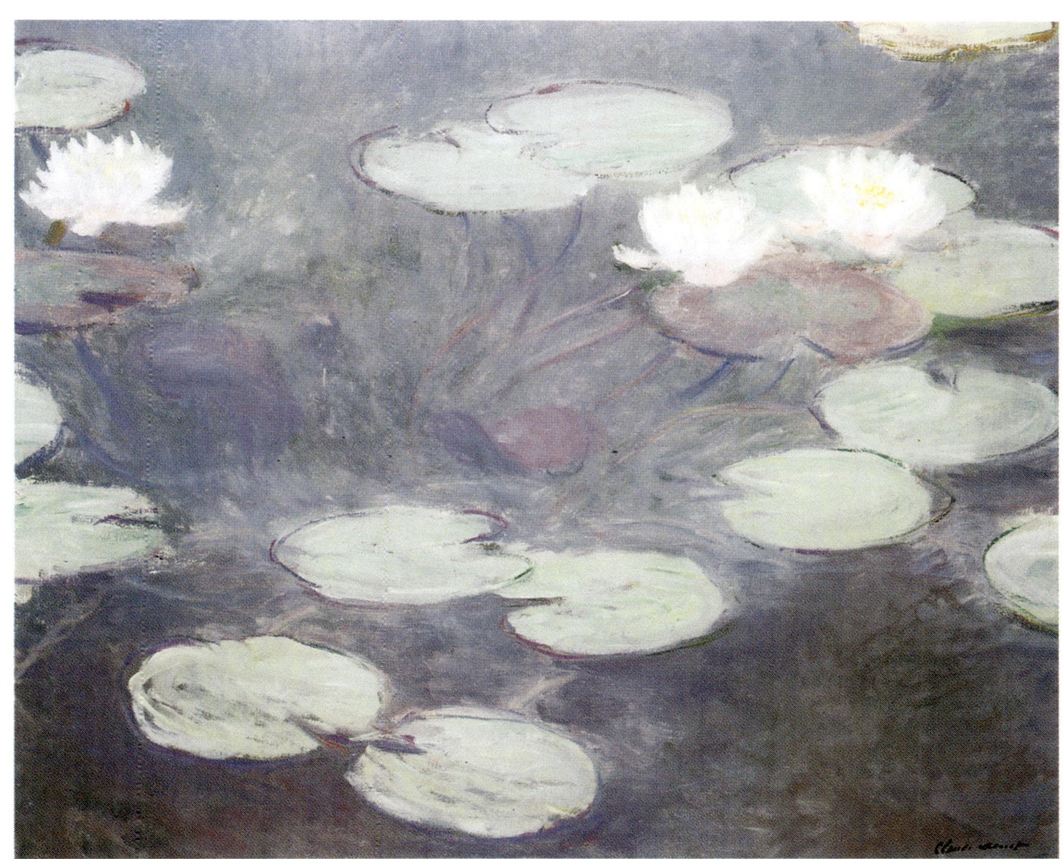

156. *Pink Water-Lilies*, 1897–99

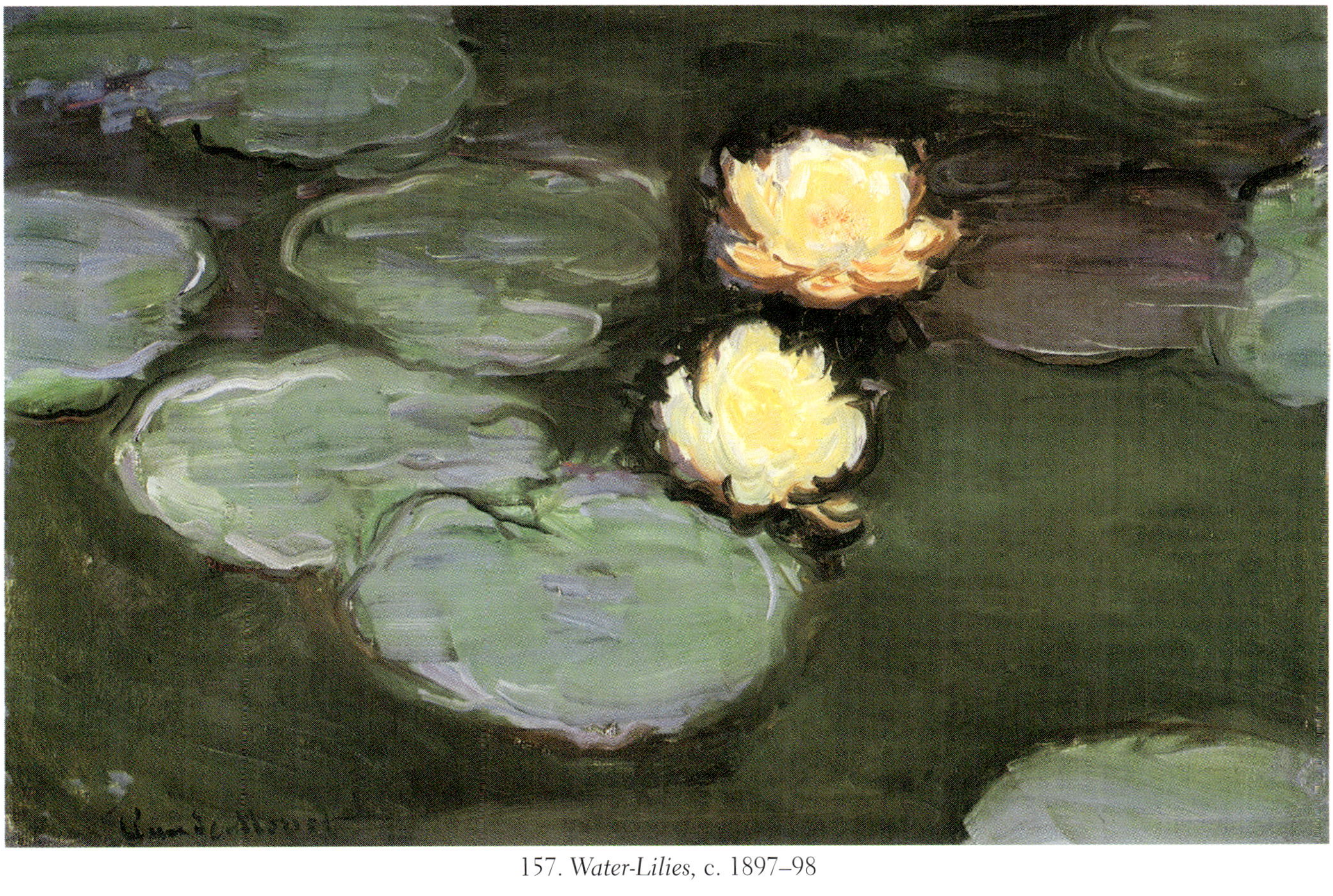

157. *Water-Lilies*, c. 1897–98

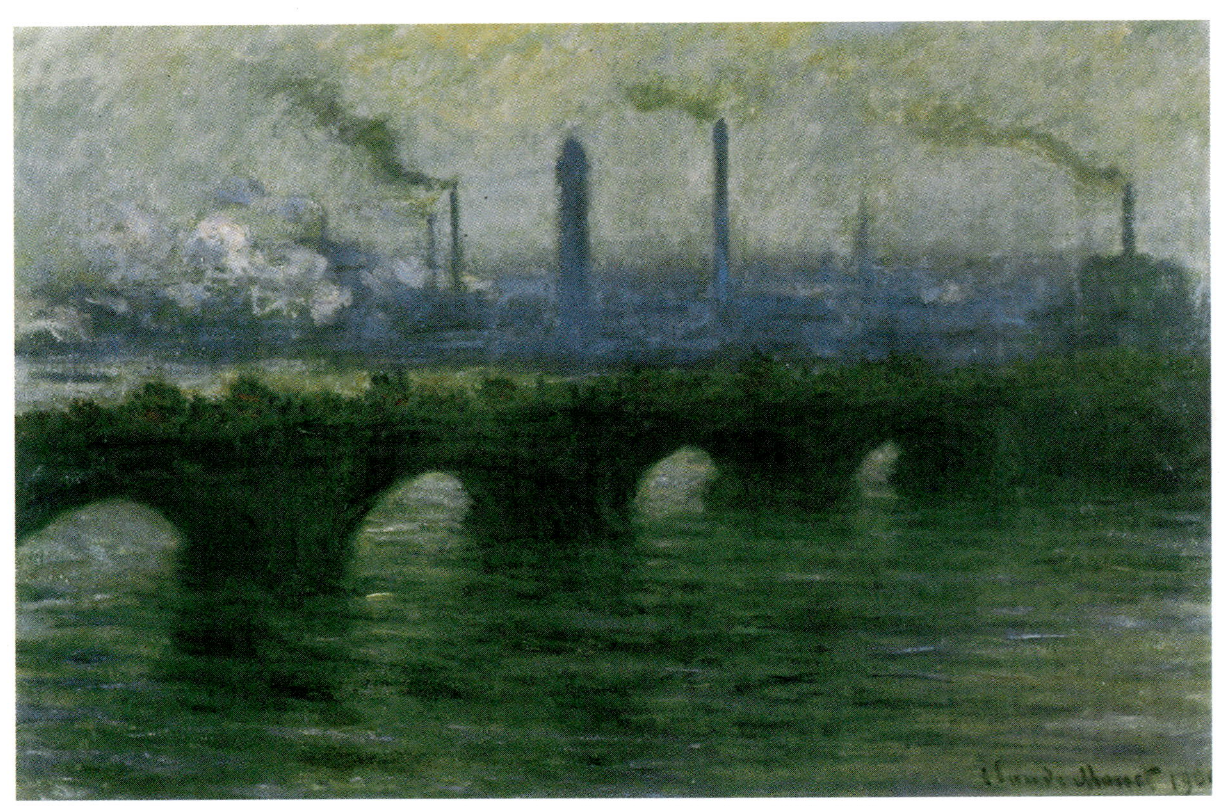

158. *Waterloo Bridge, Overcast Weather,* 1899–1901

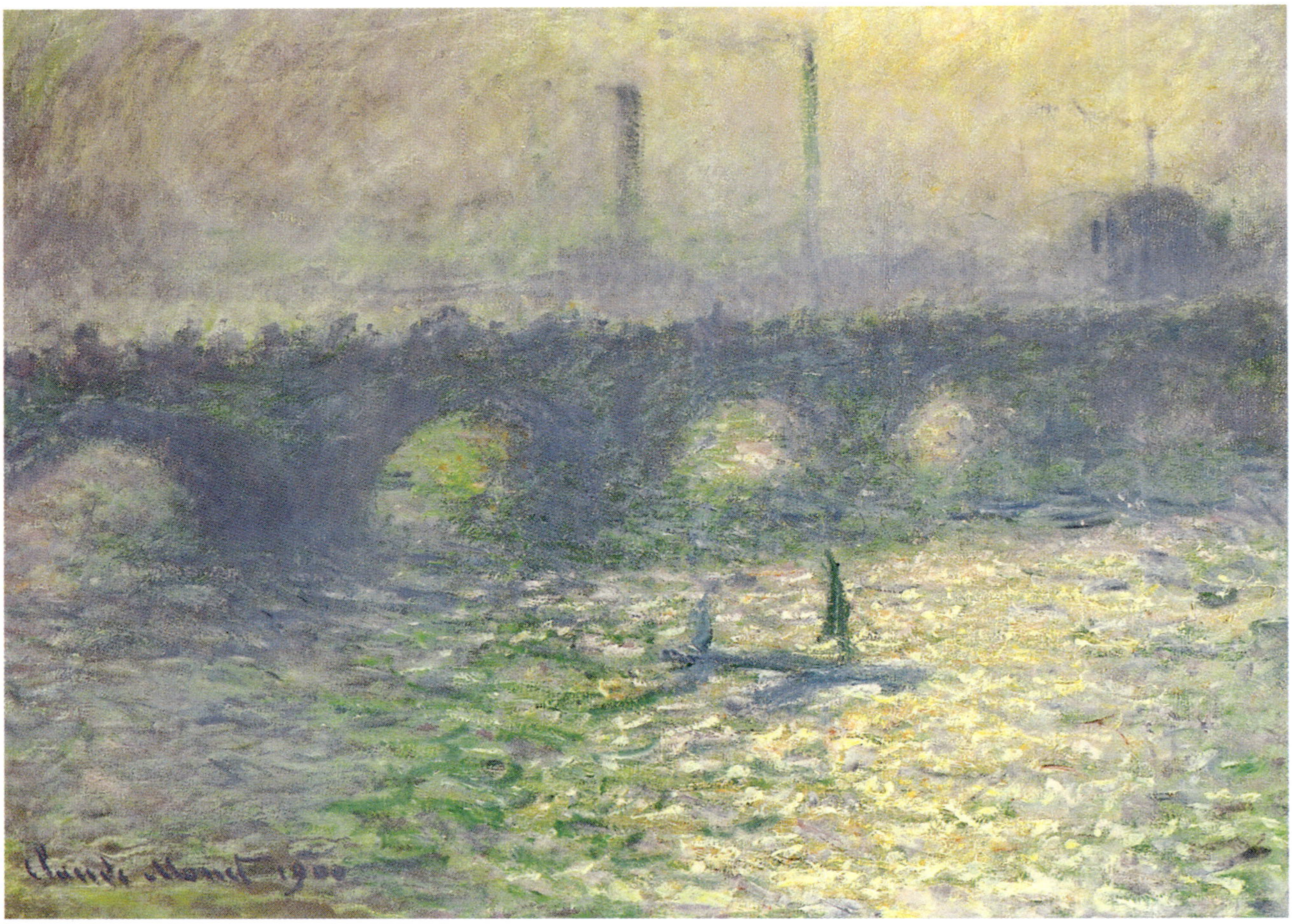

159. *Waterloo Bridge,* 1899–1900

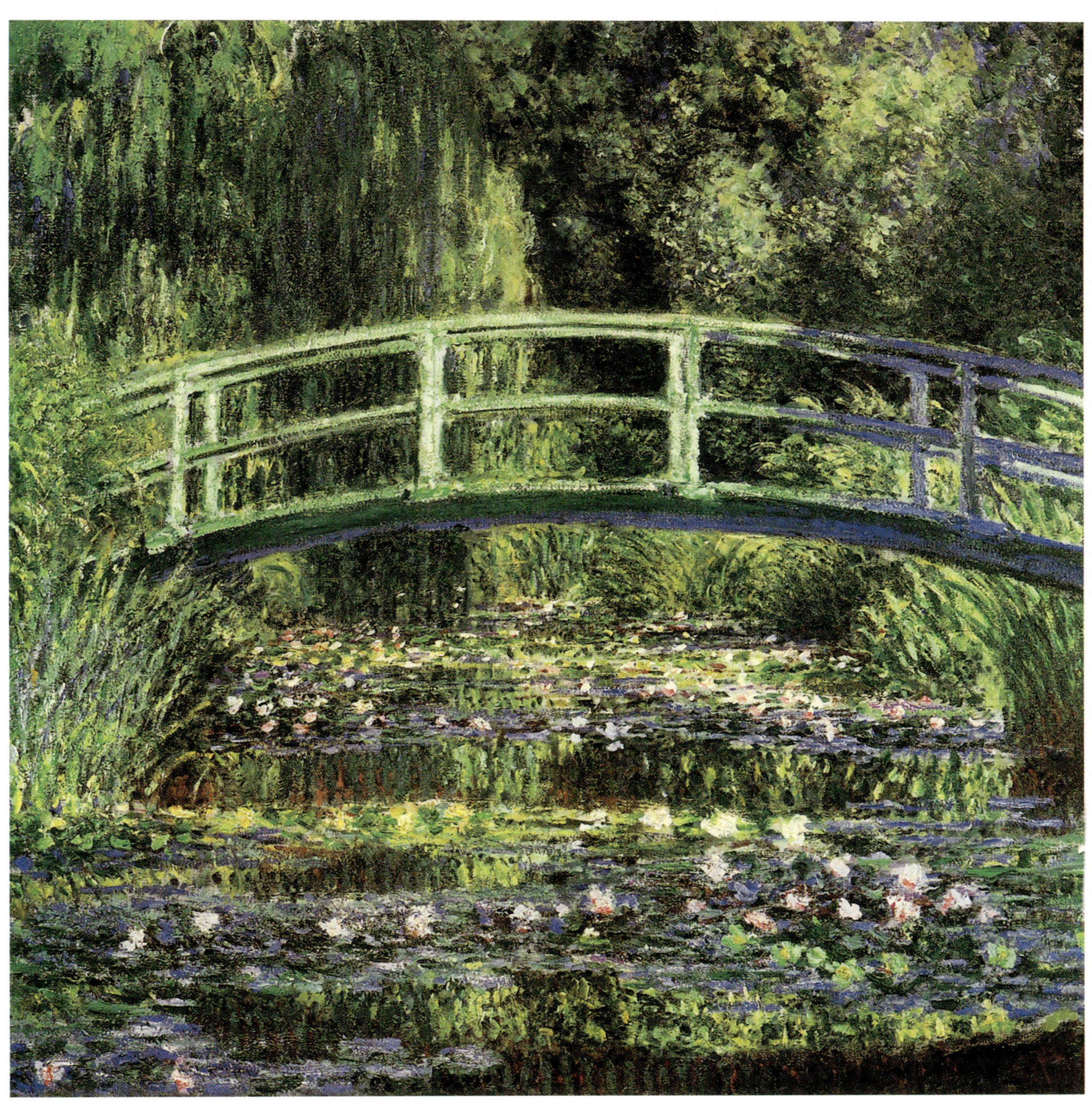

160. *Water Lilies and Japanese Bridge*, 1899

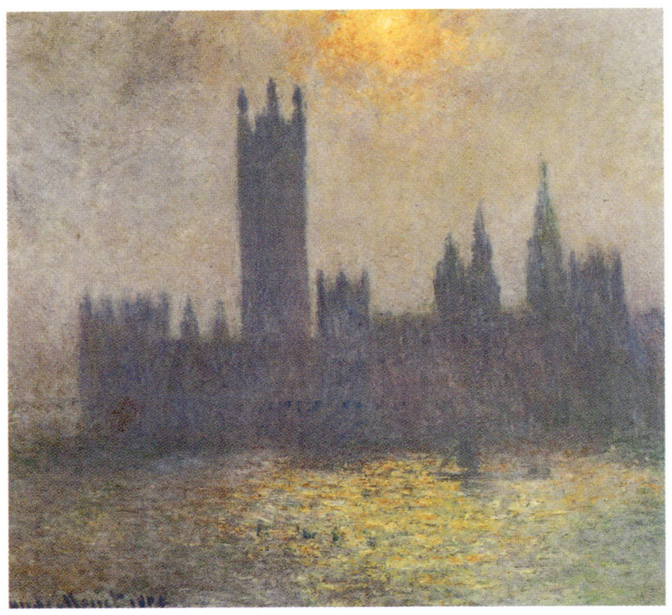

161. *Parliament, Sunlight Effect in the Fog*, 1904

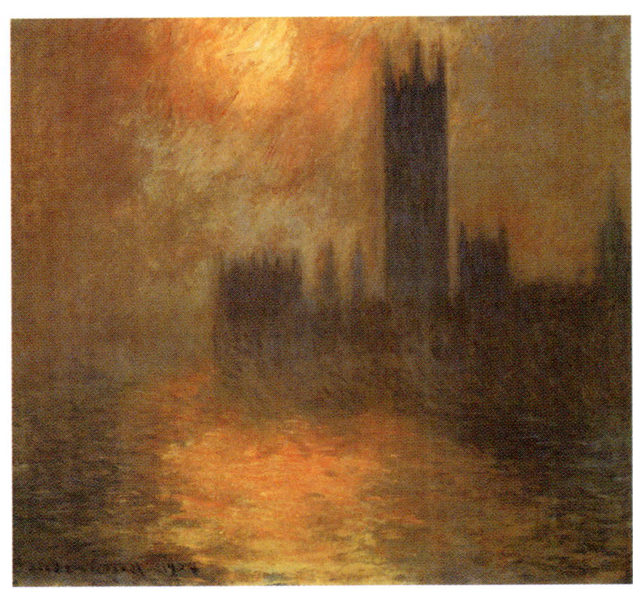

162. *The Houses of Parliament, Sunset*, 1904

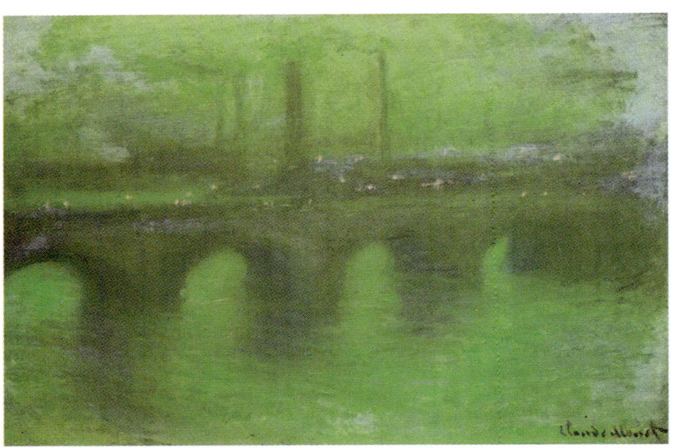

163. *Waterloo Bridge, London, at Dusk*, c. 1904

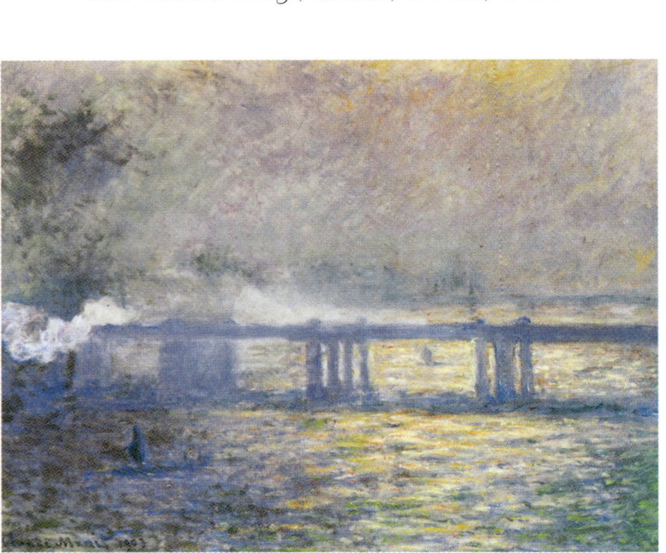

164. *Charing Cross Bridge*, 1903

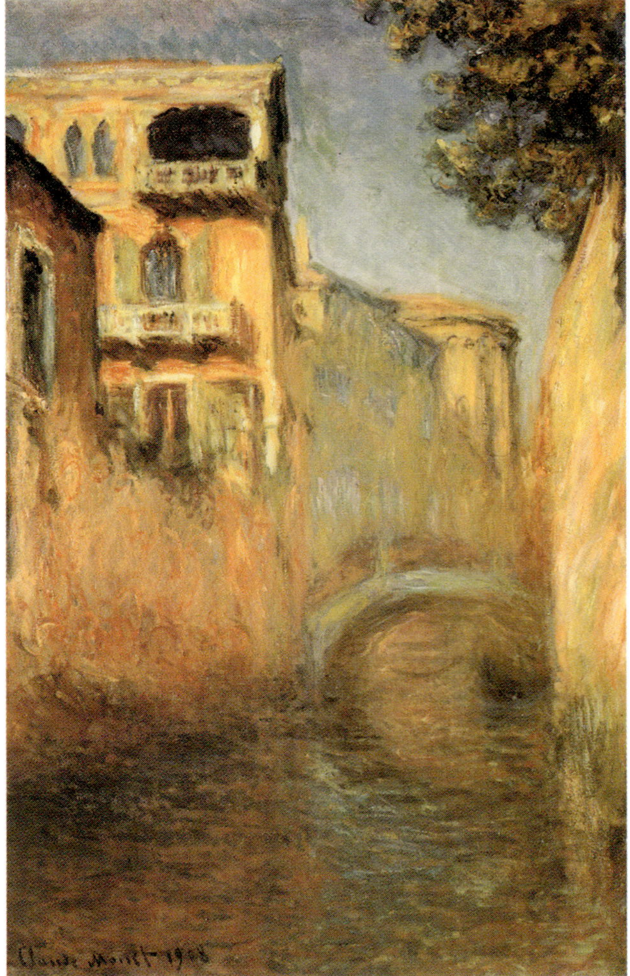

165. *Rio della Salute*, 1908

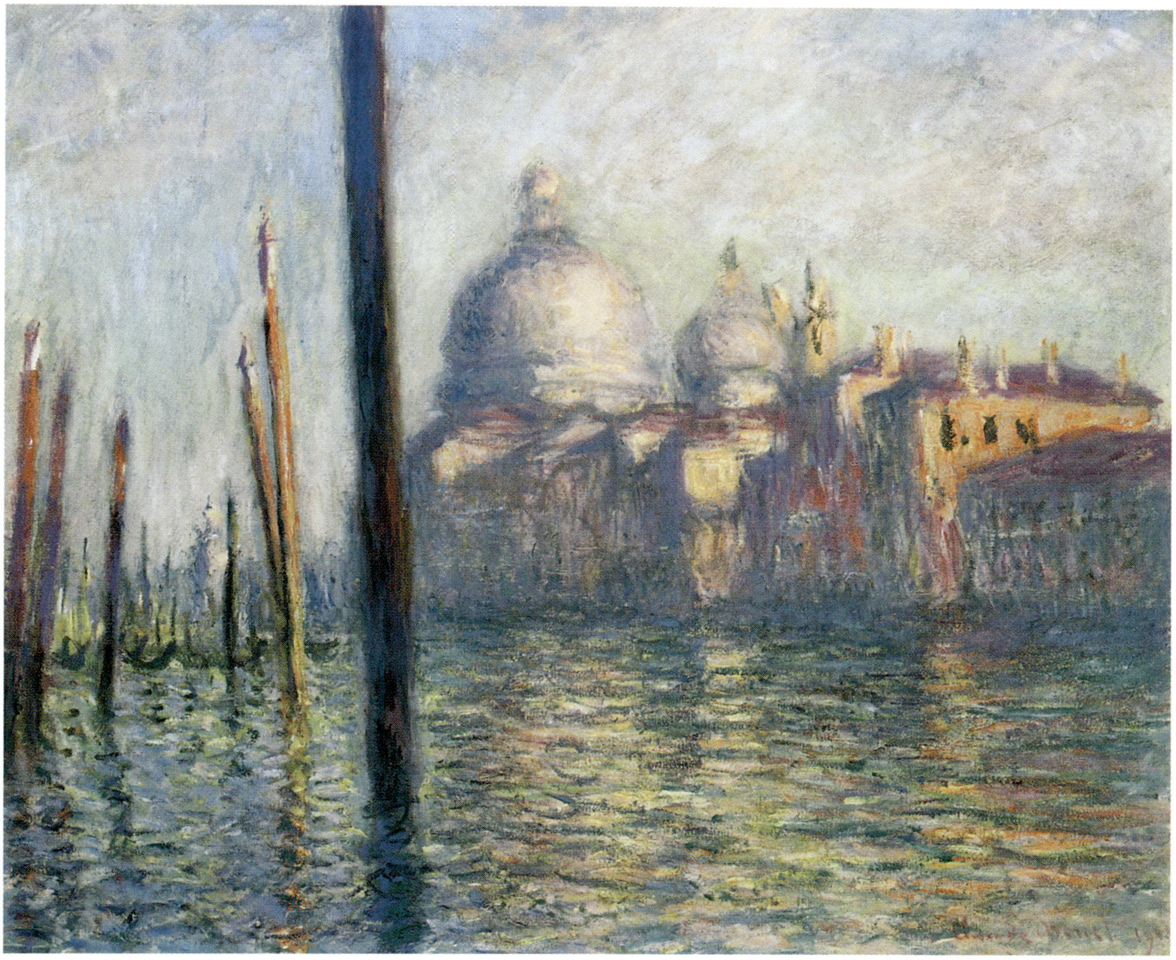

166. *The Grand Canal*, 1908

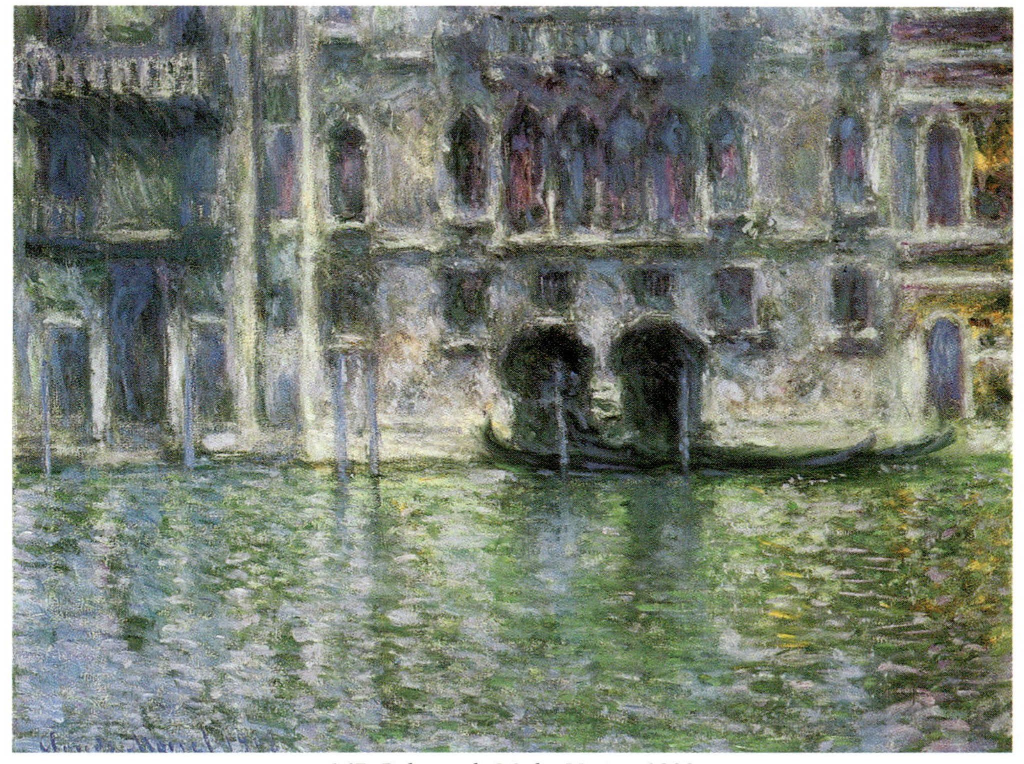

167. *Palazzo de Mula, Venice*, 1908

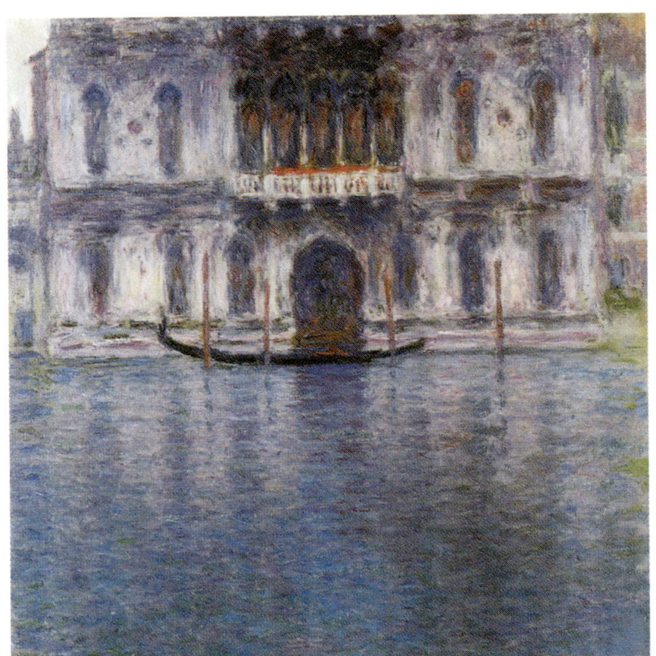

168. *Palazzo Contarini, Venice*, 1908

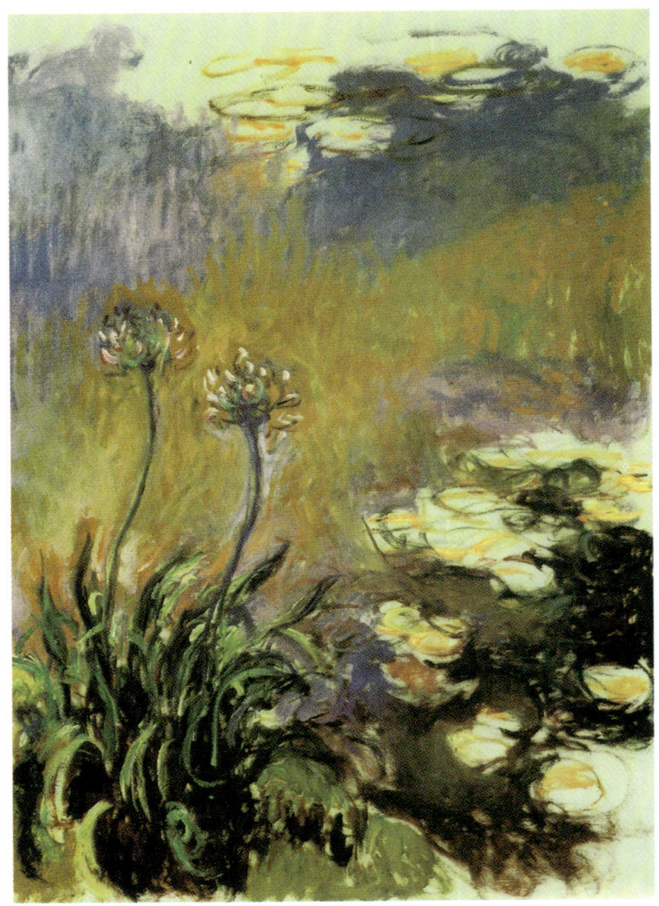

169. *The Agapanthus*, 1914–17

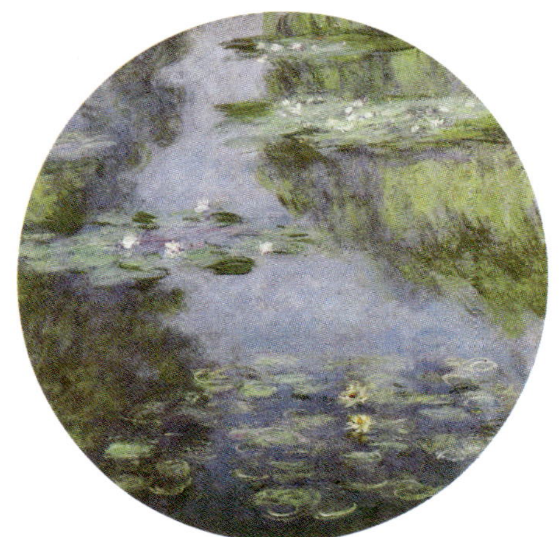

170. *Water-Lilies*, c. 1908

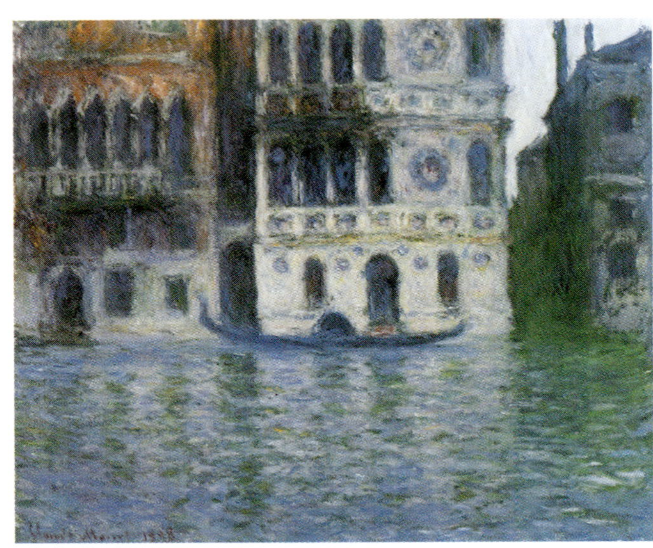

171. *The Palazzo Dario*, 1908

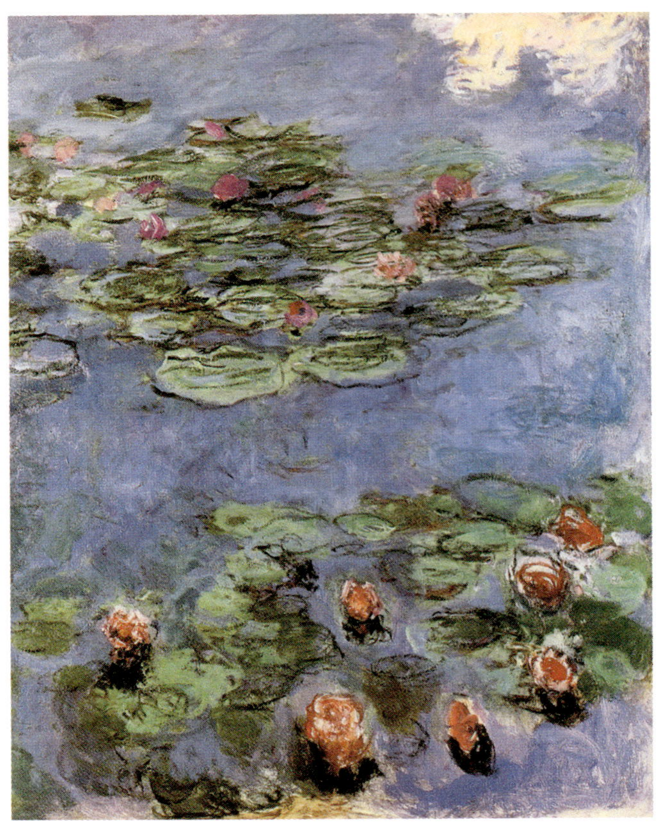

172. *Water-Lilies*, c. 1914–17

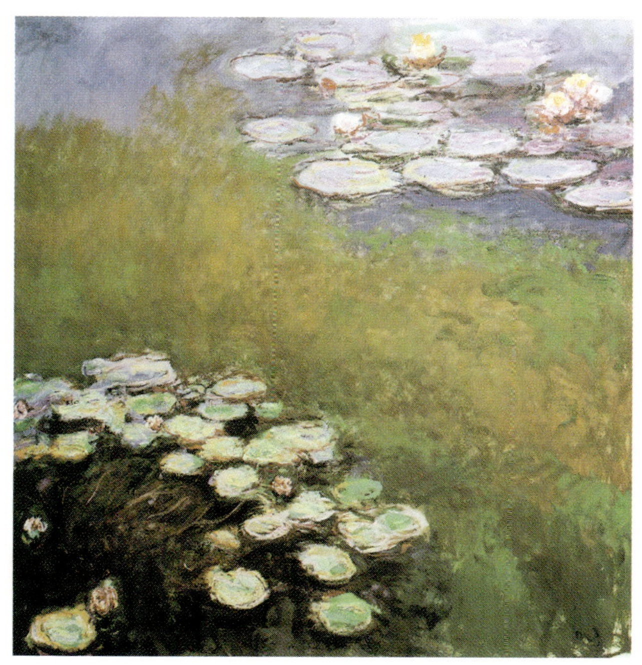

173. *Water-Lilies*, c. 1914–17

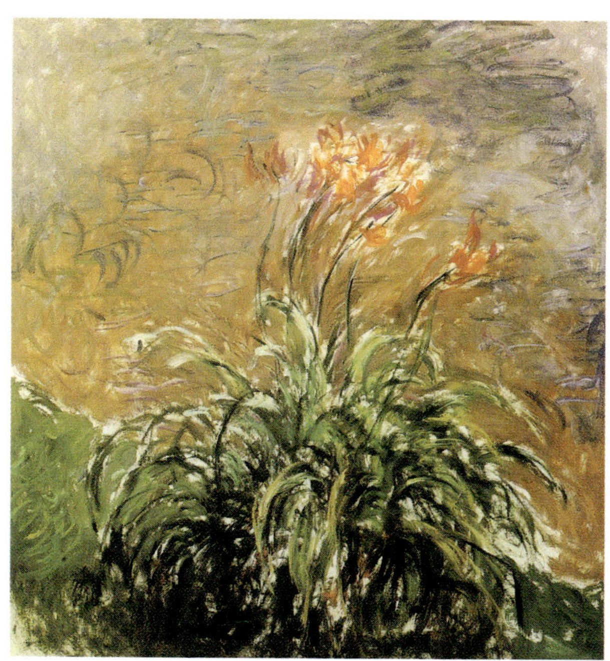

174. *Hemerocallis*, c. 1914–17

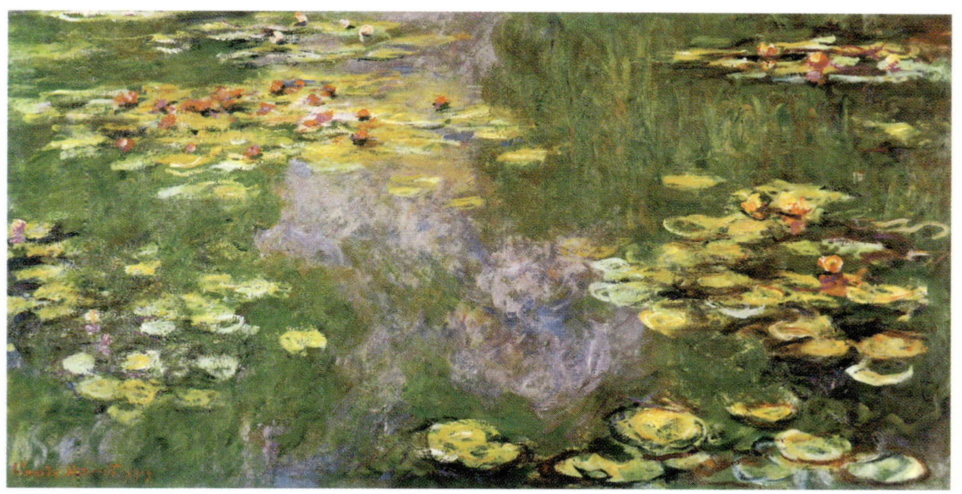

175. *Water-Lily Pond, Giverny*, 1919

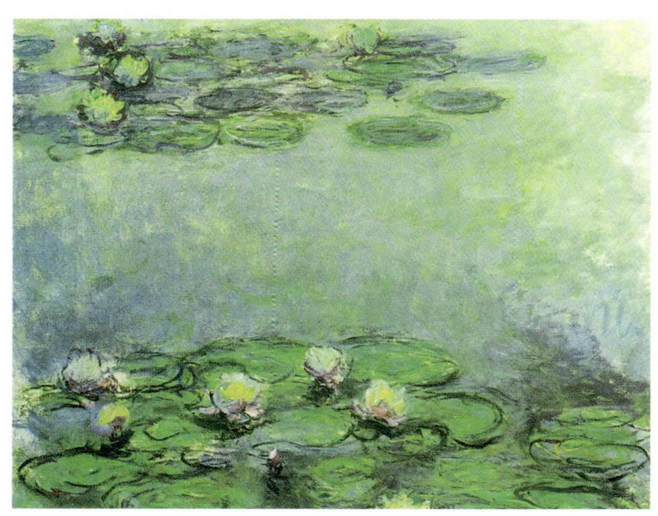

176. *Water Lilies*, 1914–17

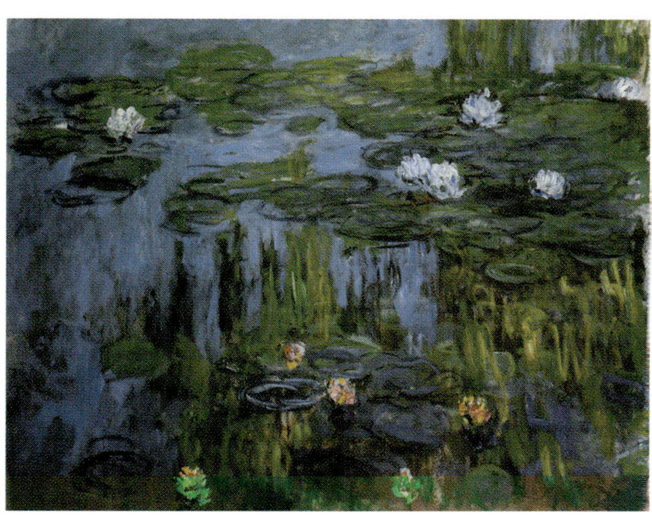

177. *Water-Lilies*, 1915

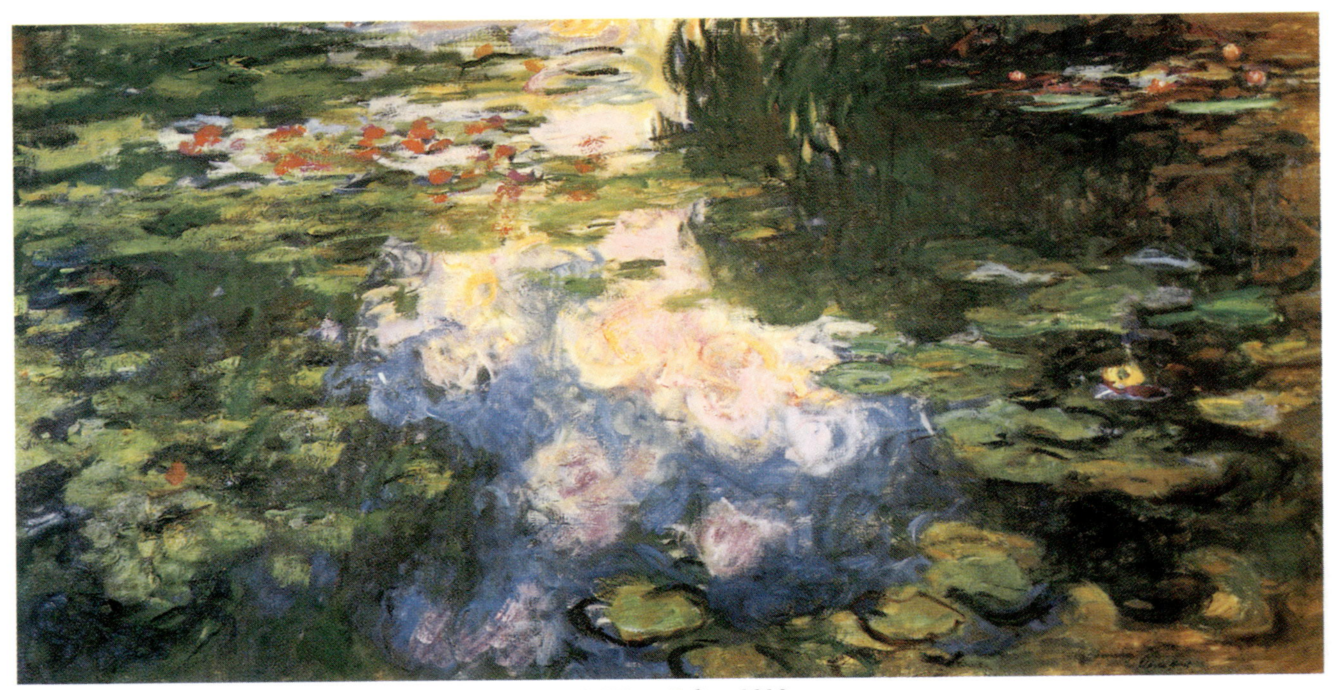

178. *Water Lilies*, 1919

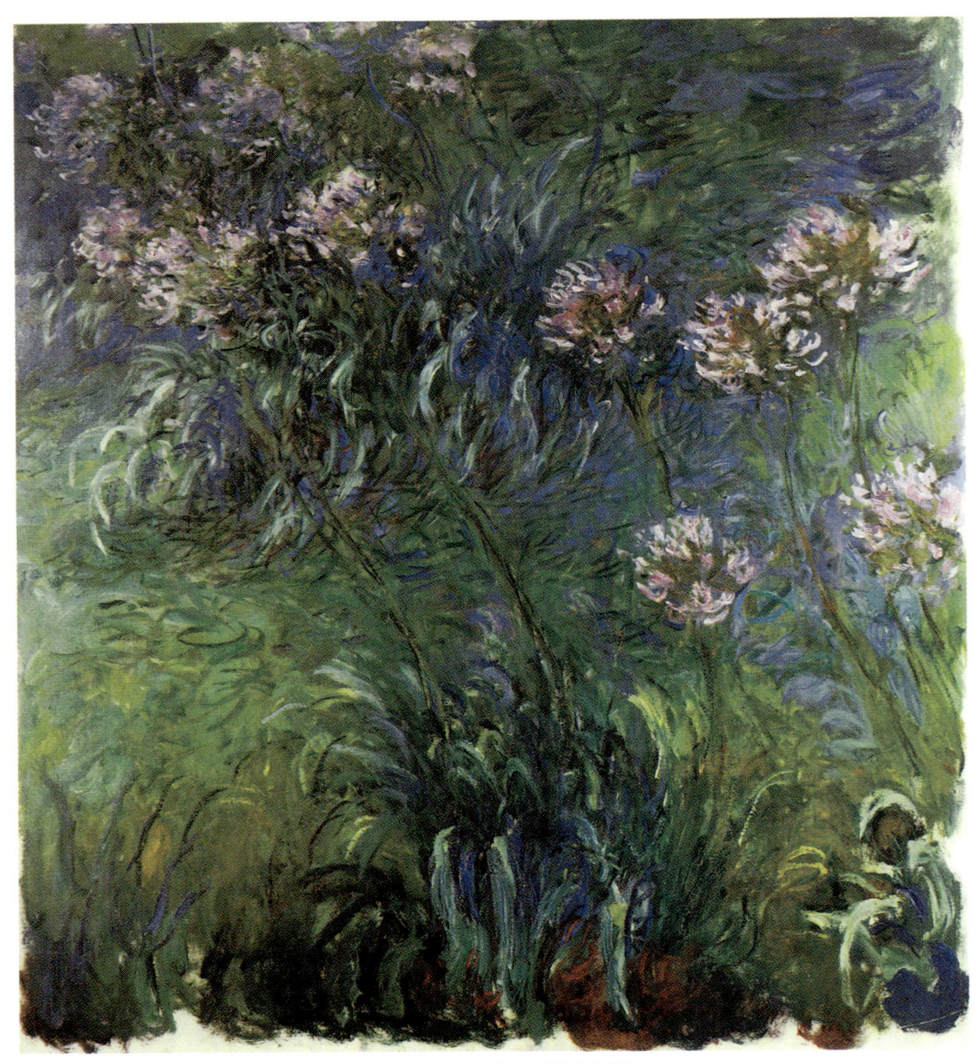

179. *Agapanthus*, 1916–17

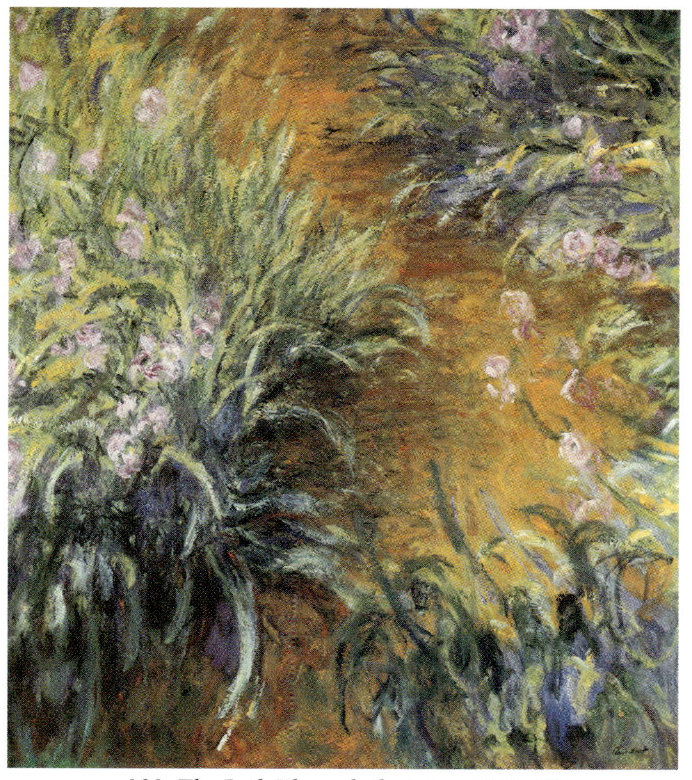

180. *The Path Through the Irises*, 1916–17

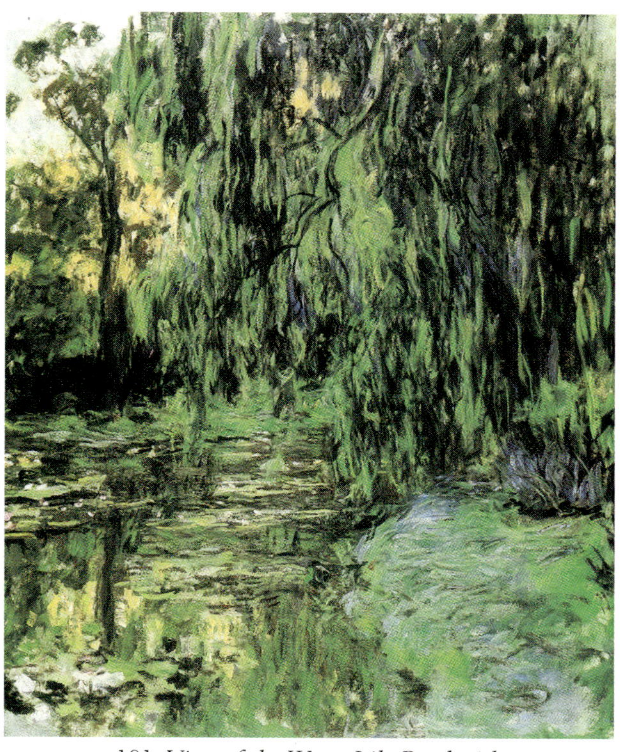

181. *View of the Water-Lily Pond with Willow Tree*, c. 1918

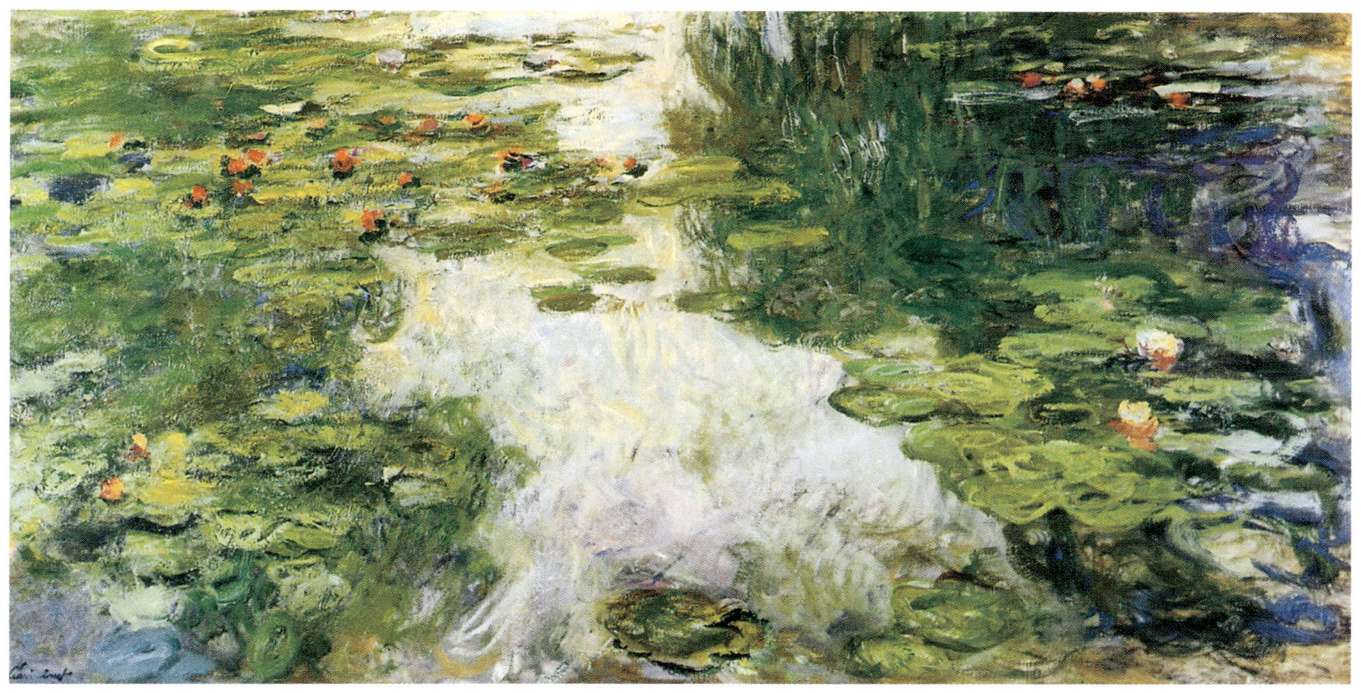

182. *Water-Lilies*, c. 1917–19

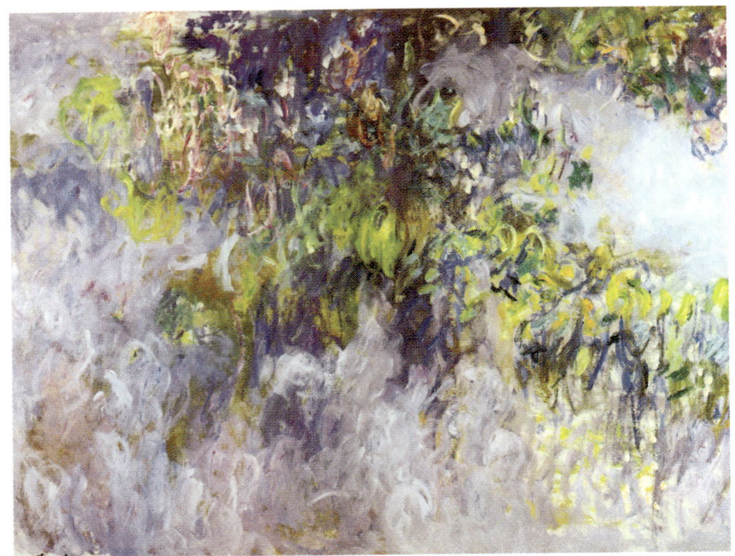

183. *Wisteria*, 1918–20

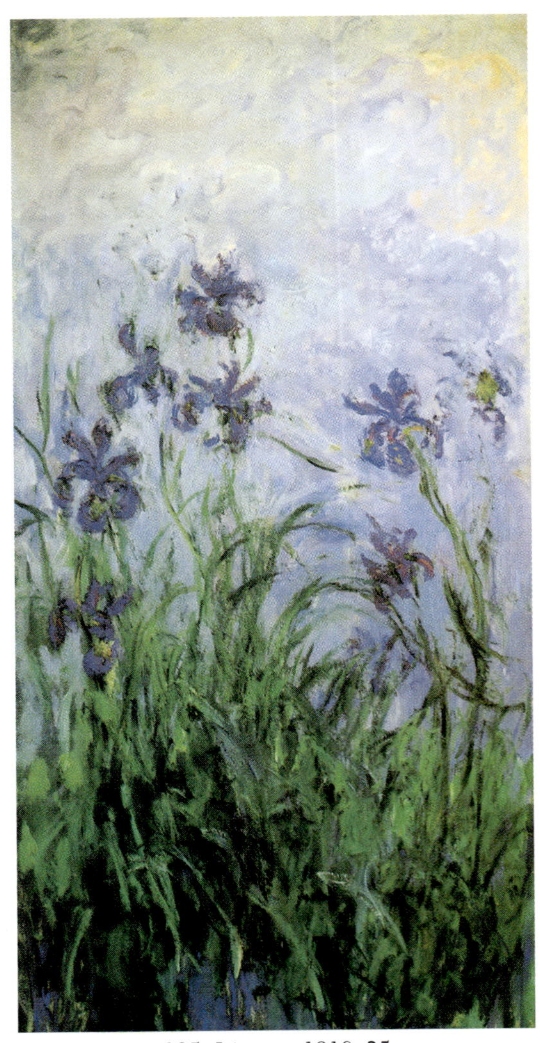

185. *Irises*, c. 1918–25

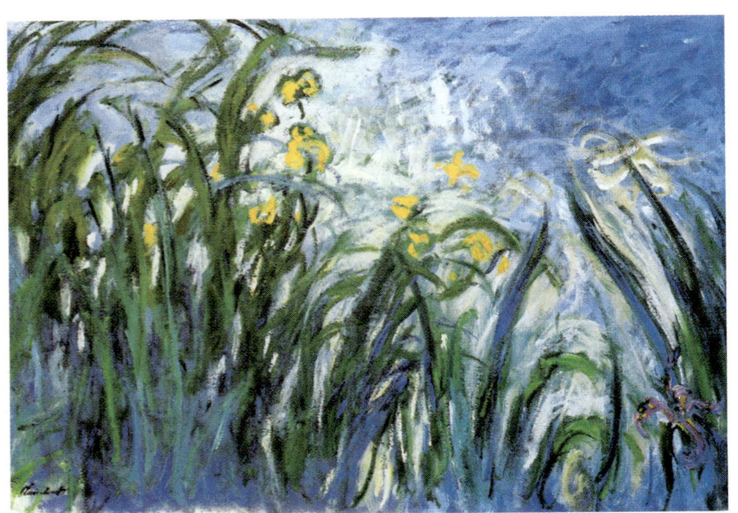

184. *The Irises*, c. 1918–25

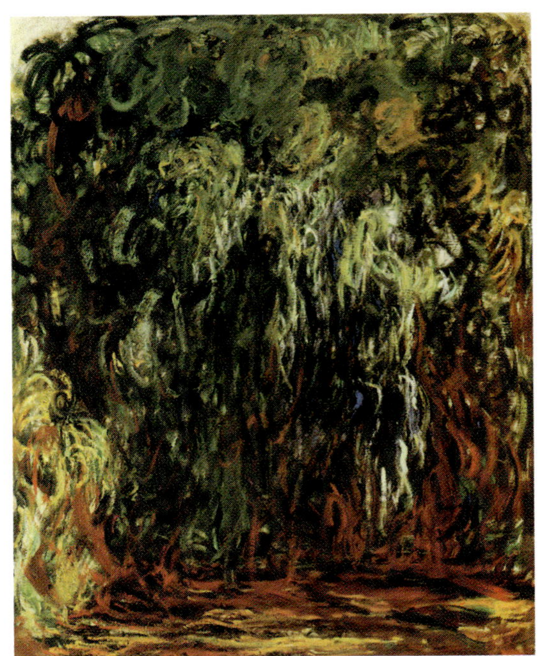

187. *Weeping Willow, Giverny*, 1926

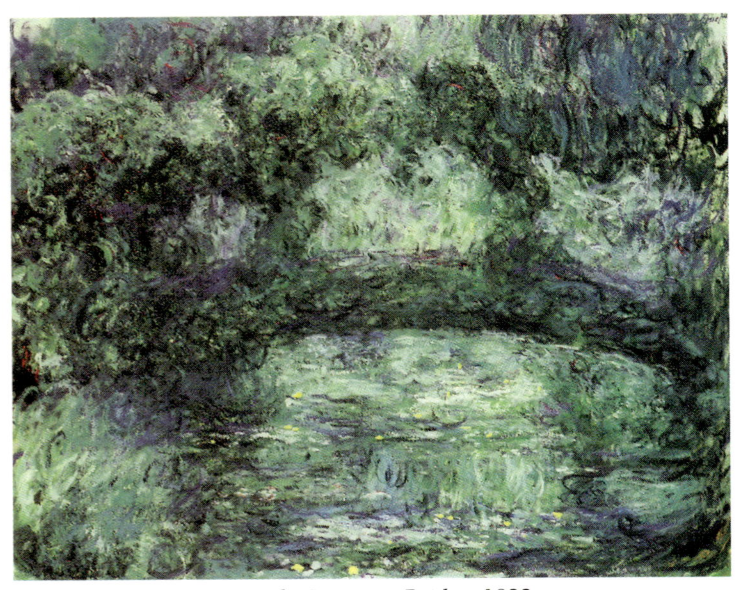

186. *The Japanese Bridge*, 1922

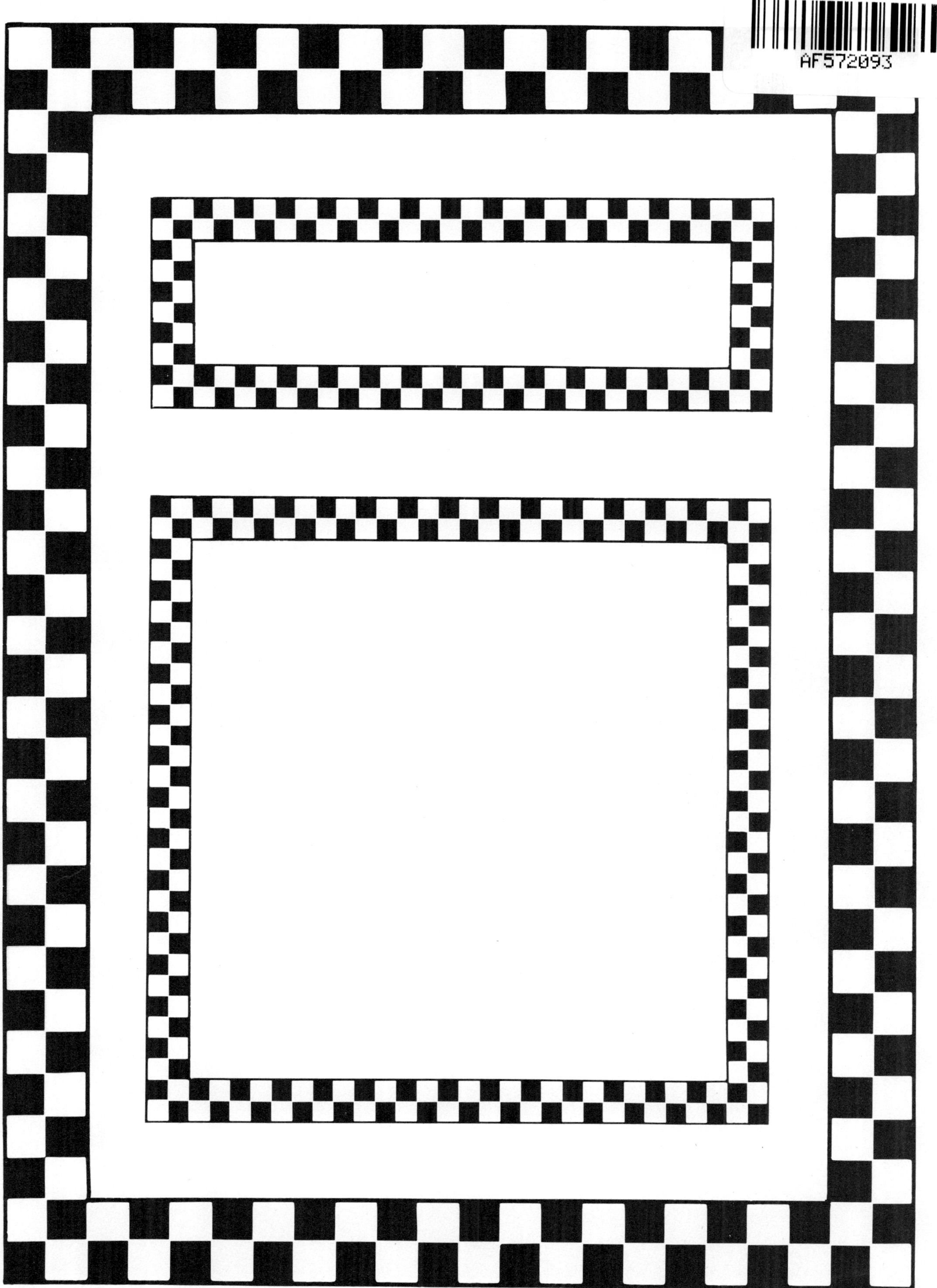

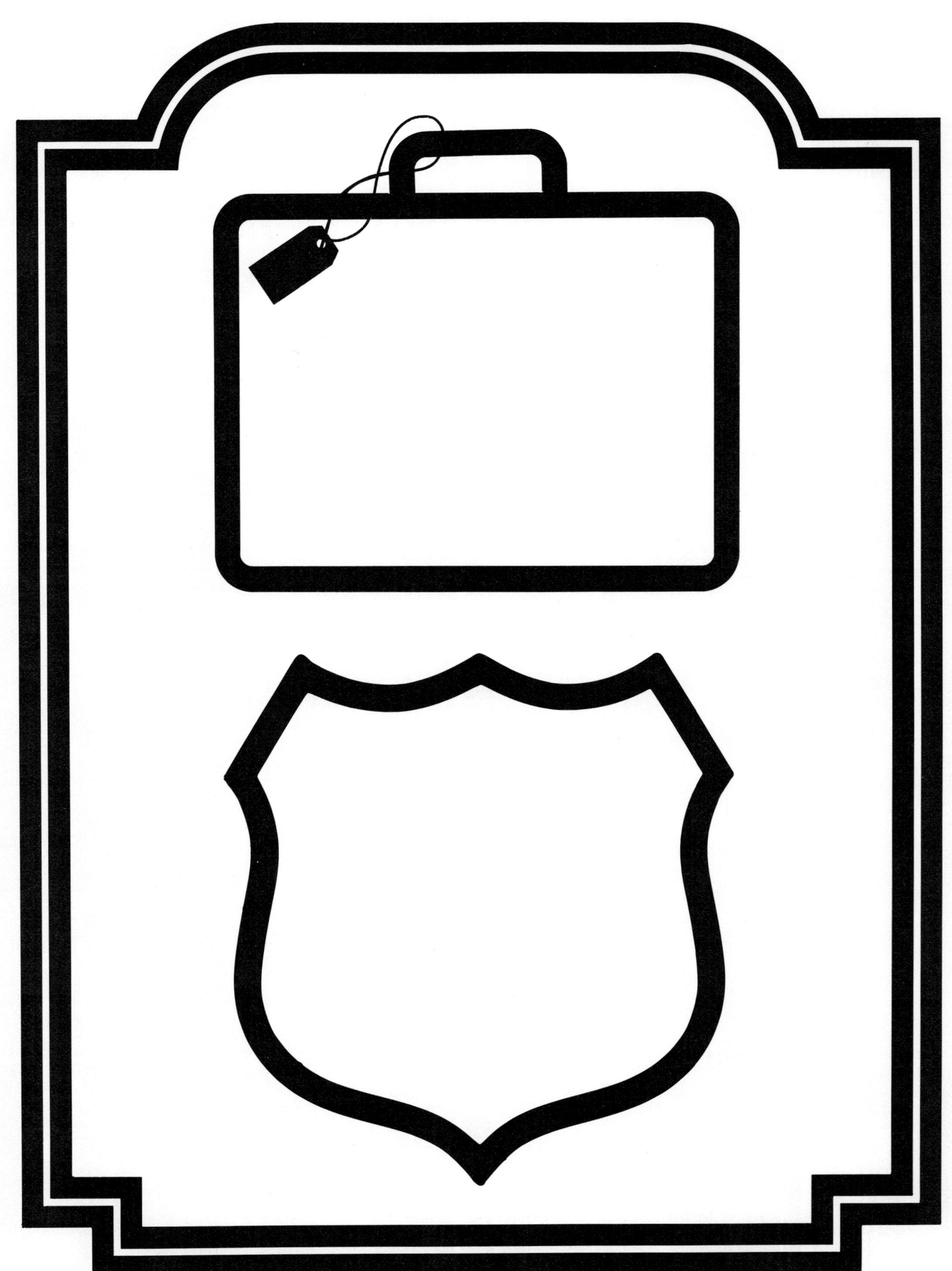

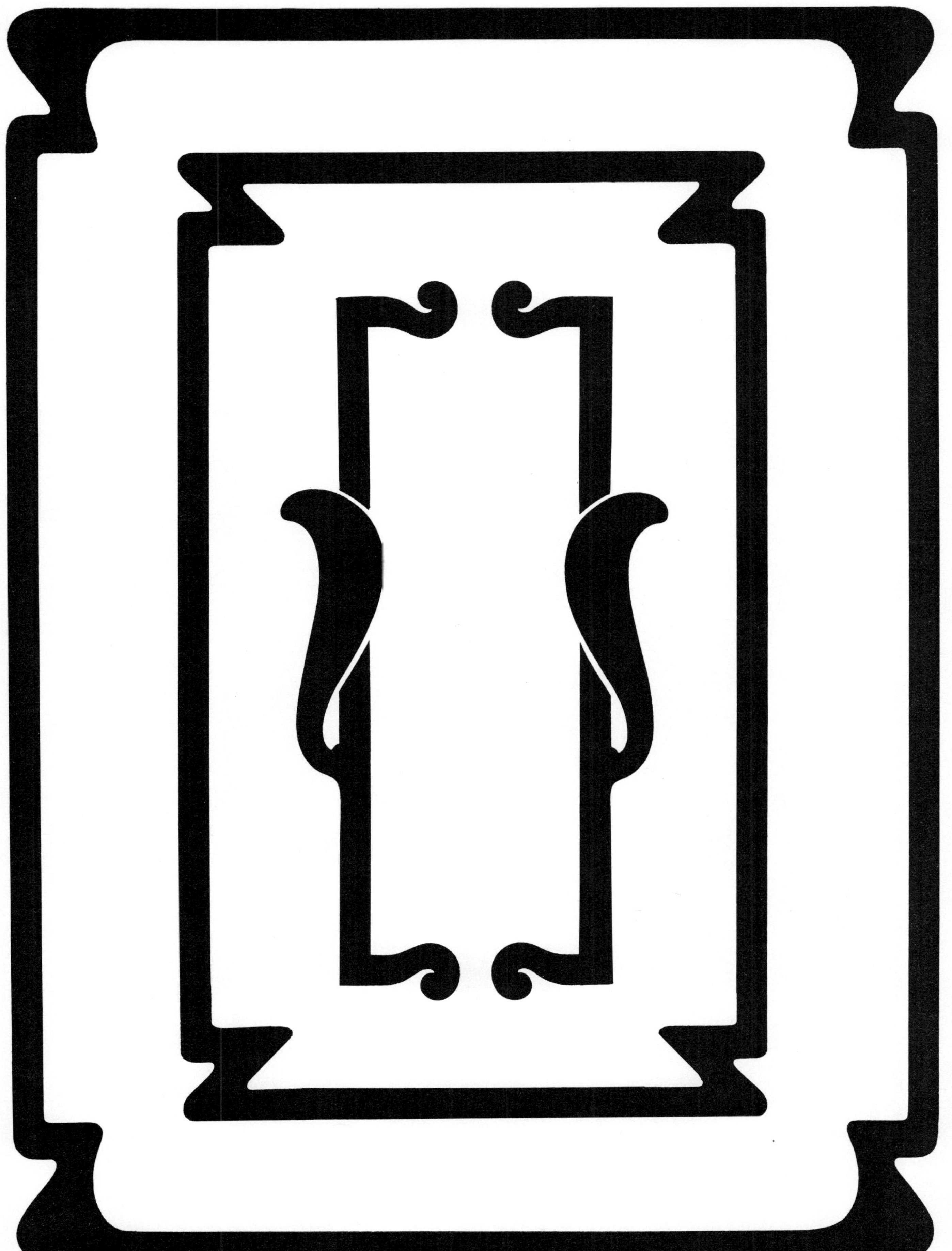

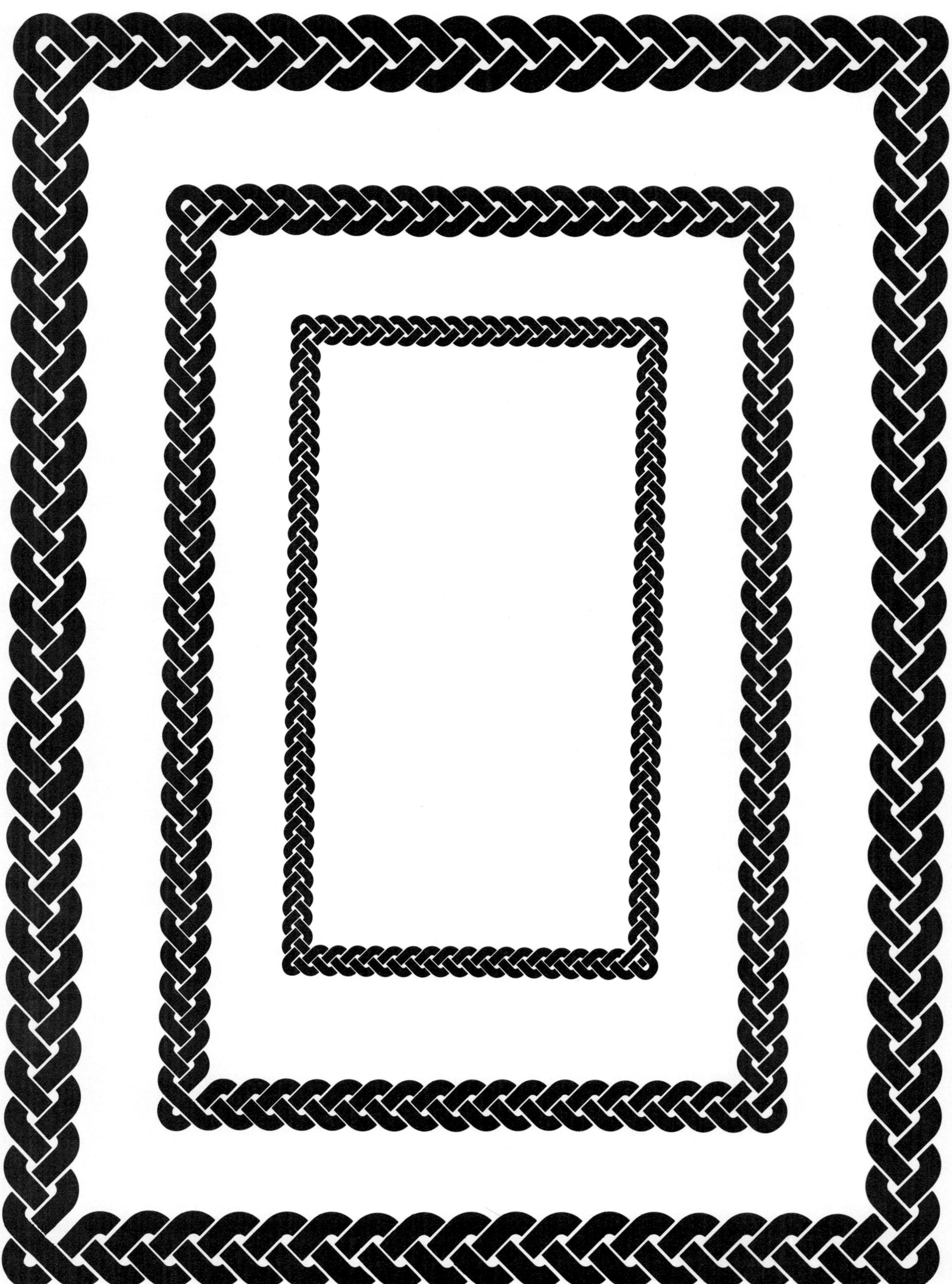

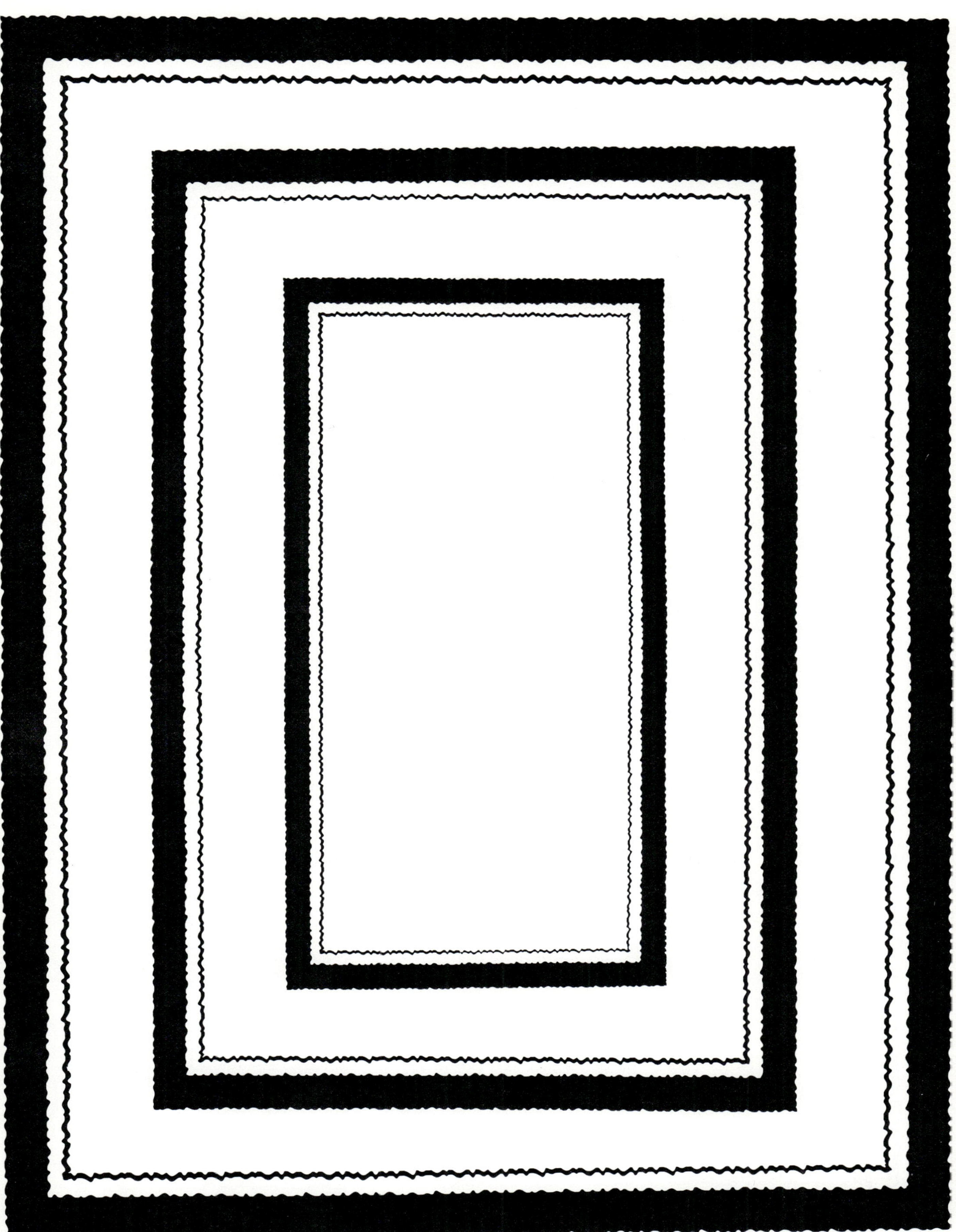

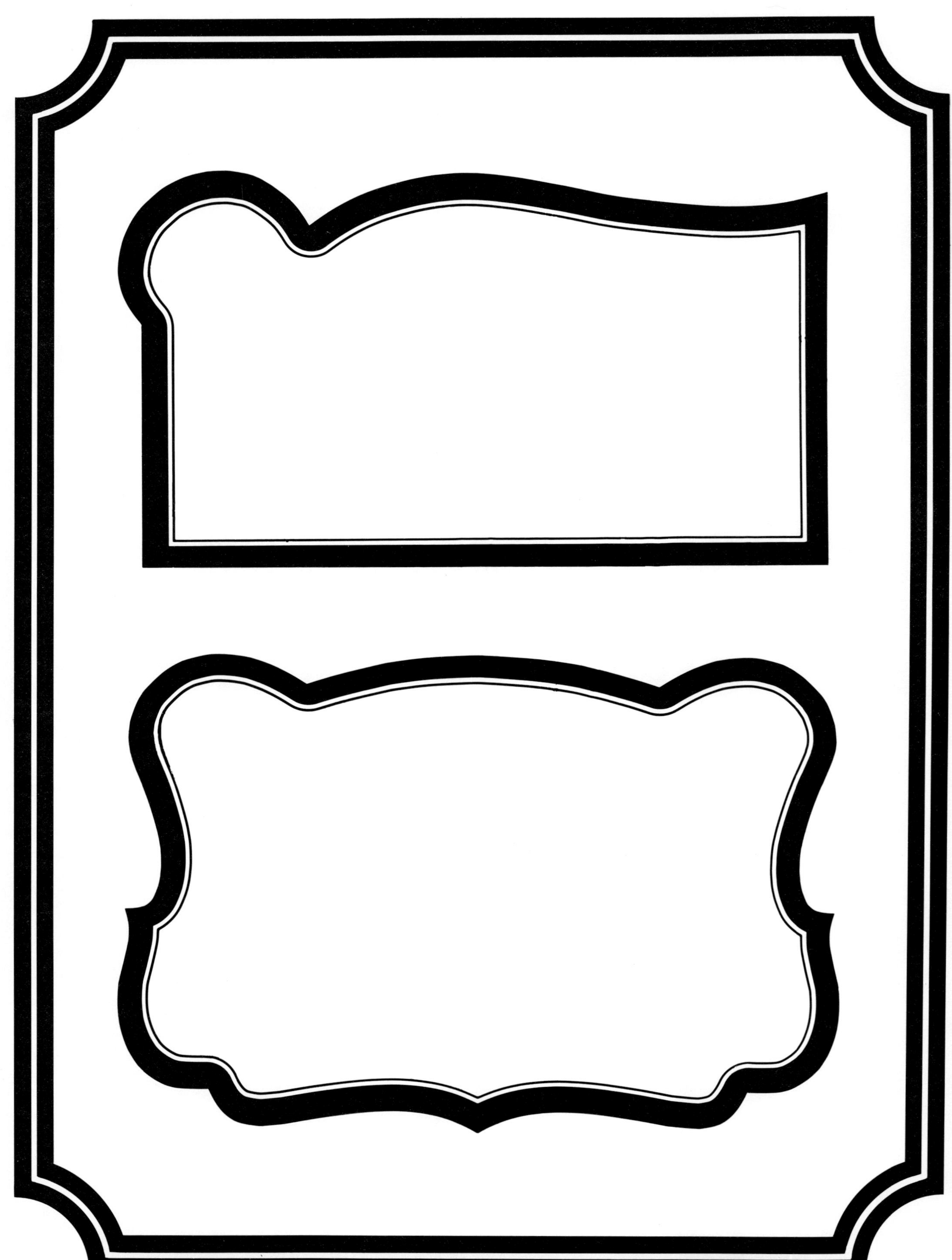

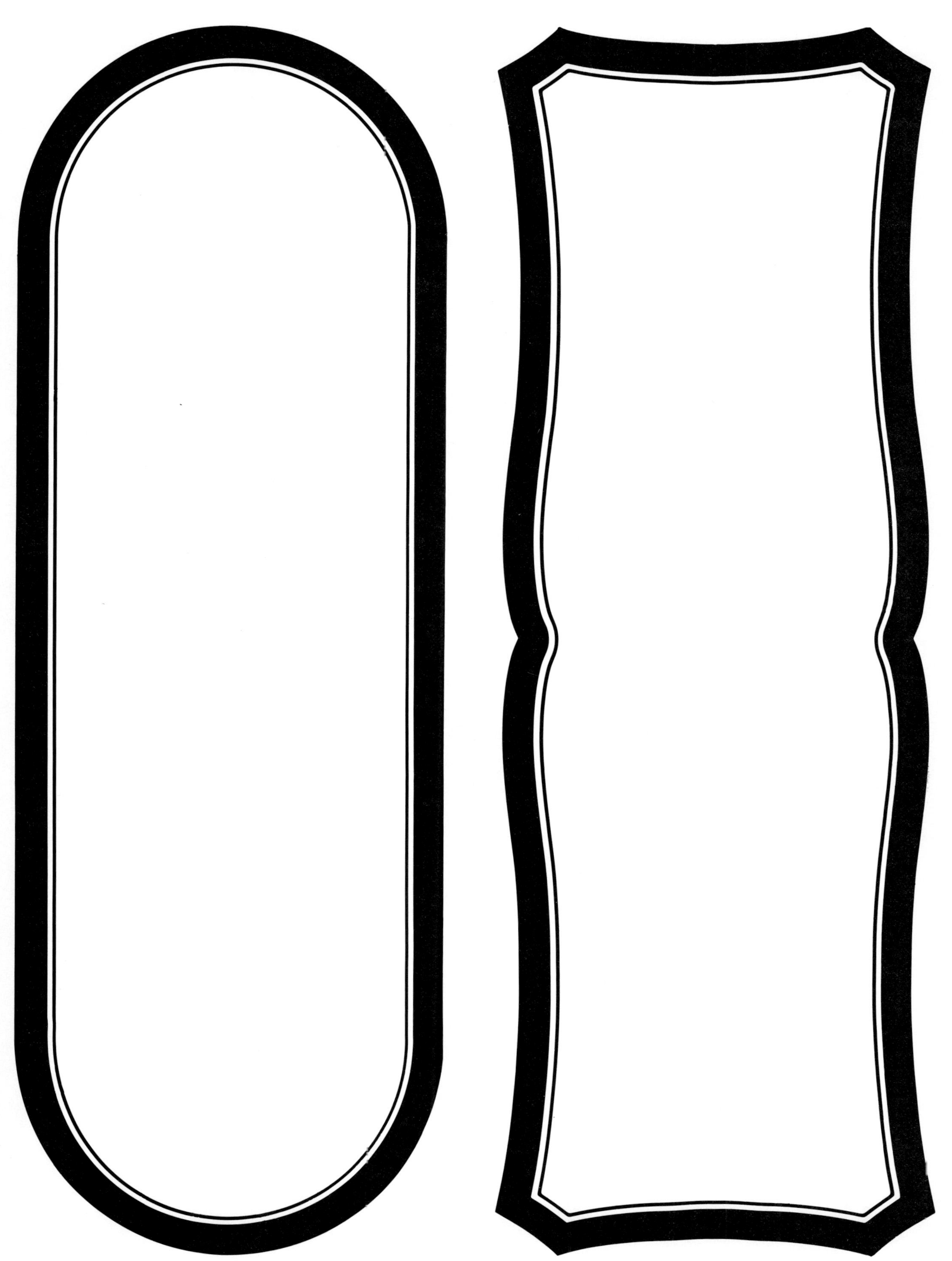

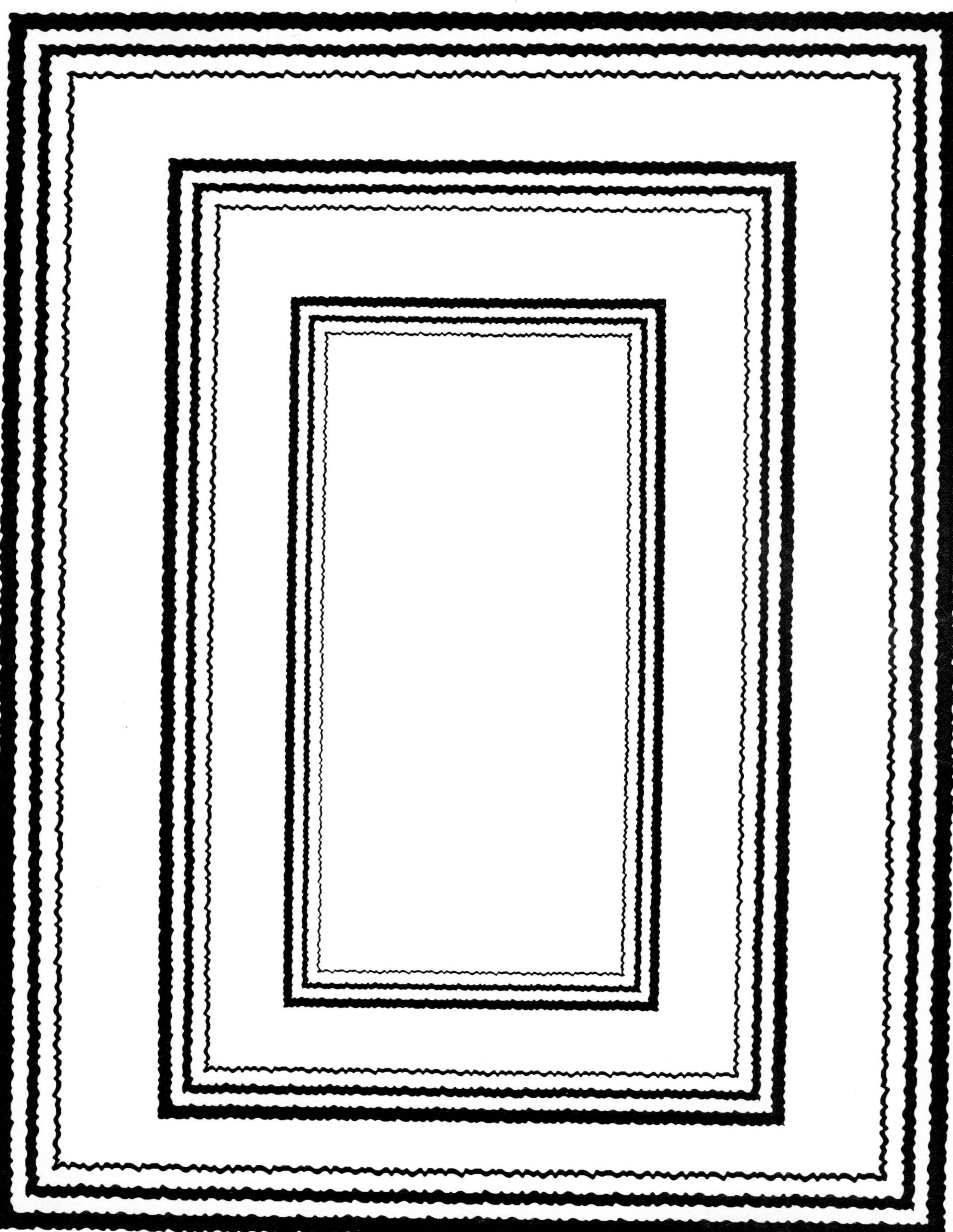

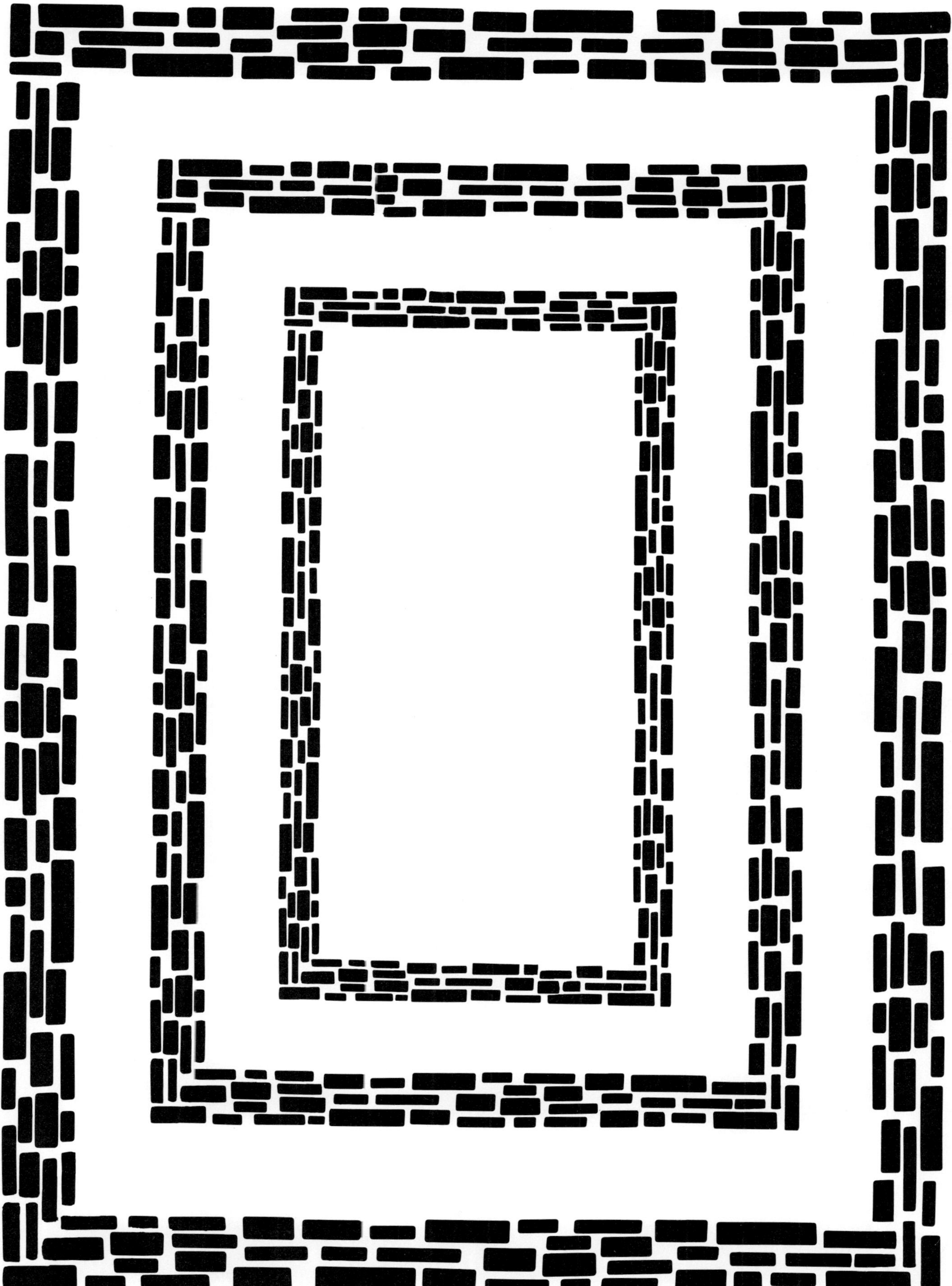

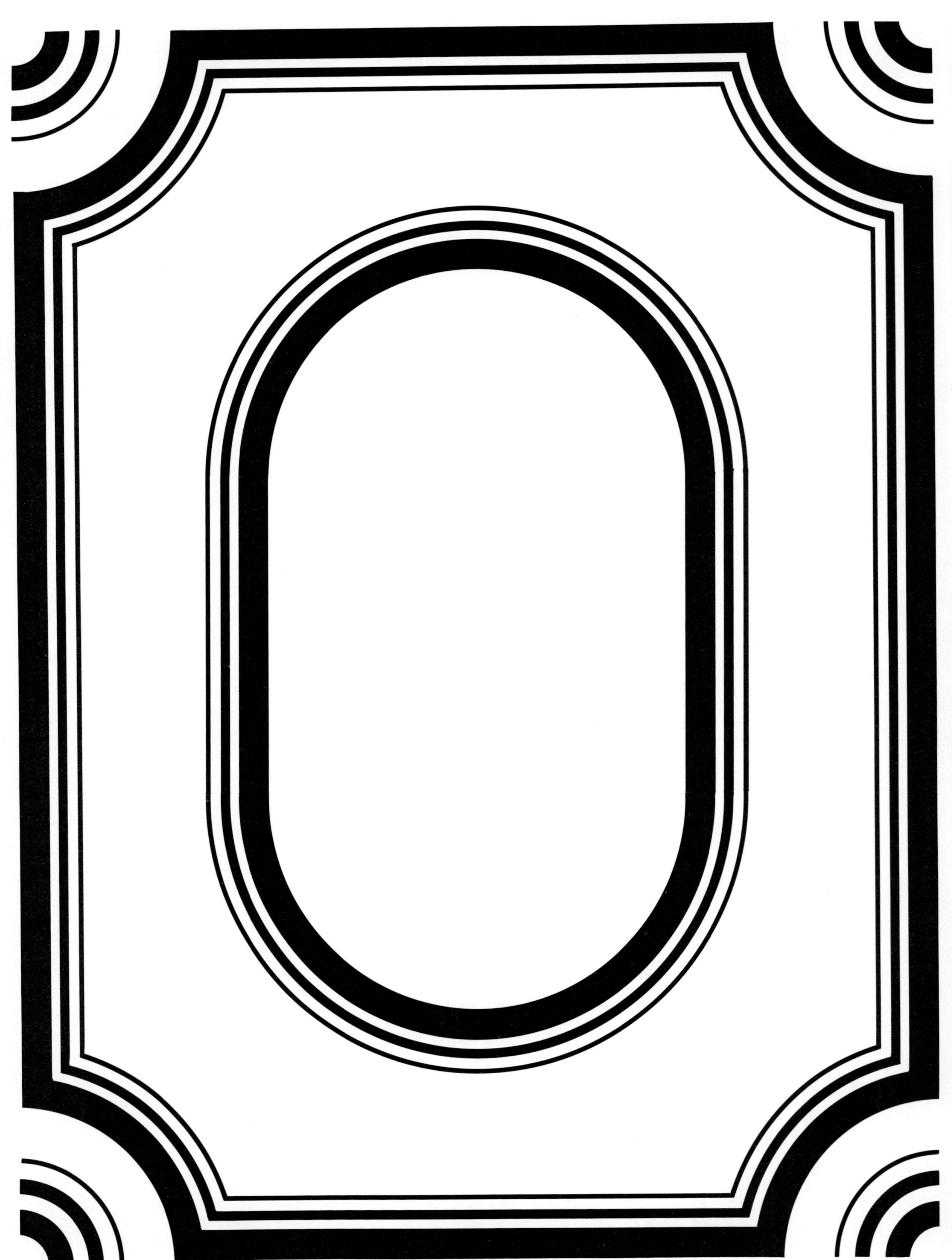

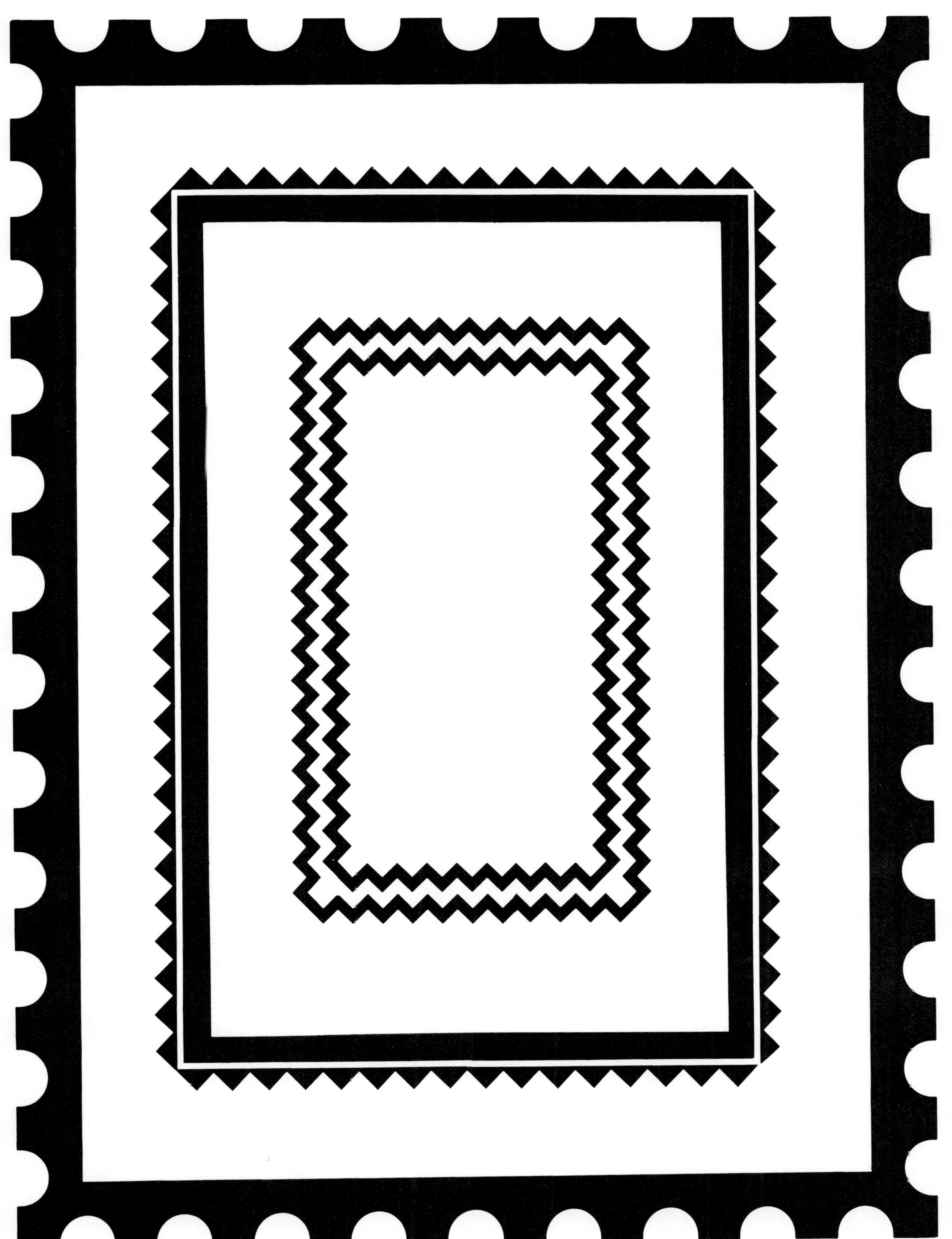

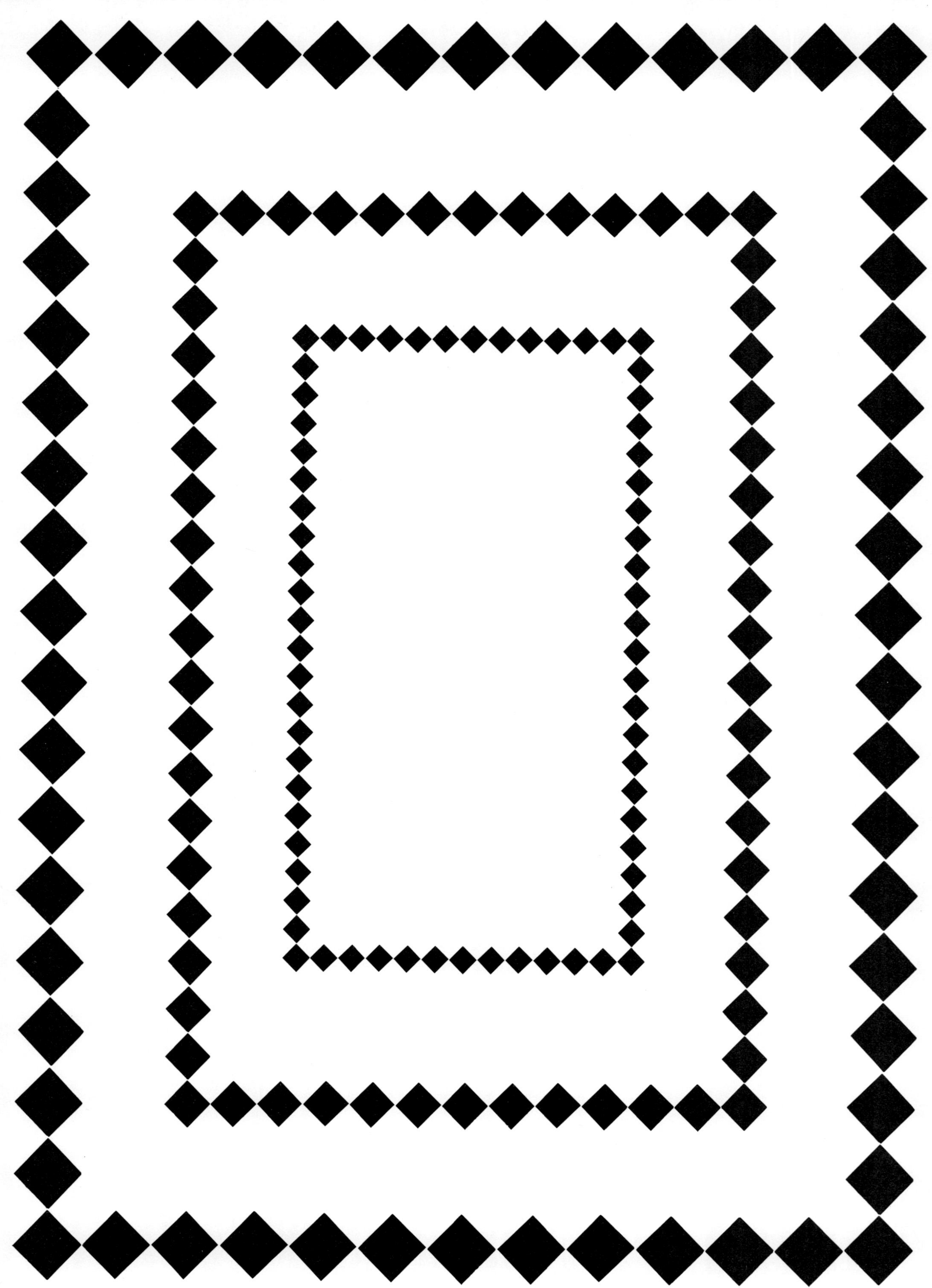

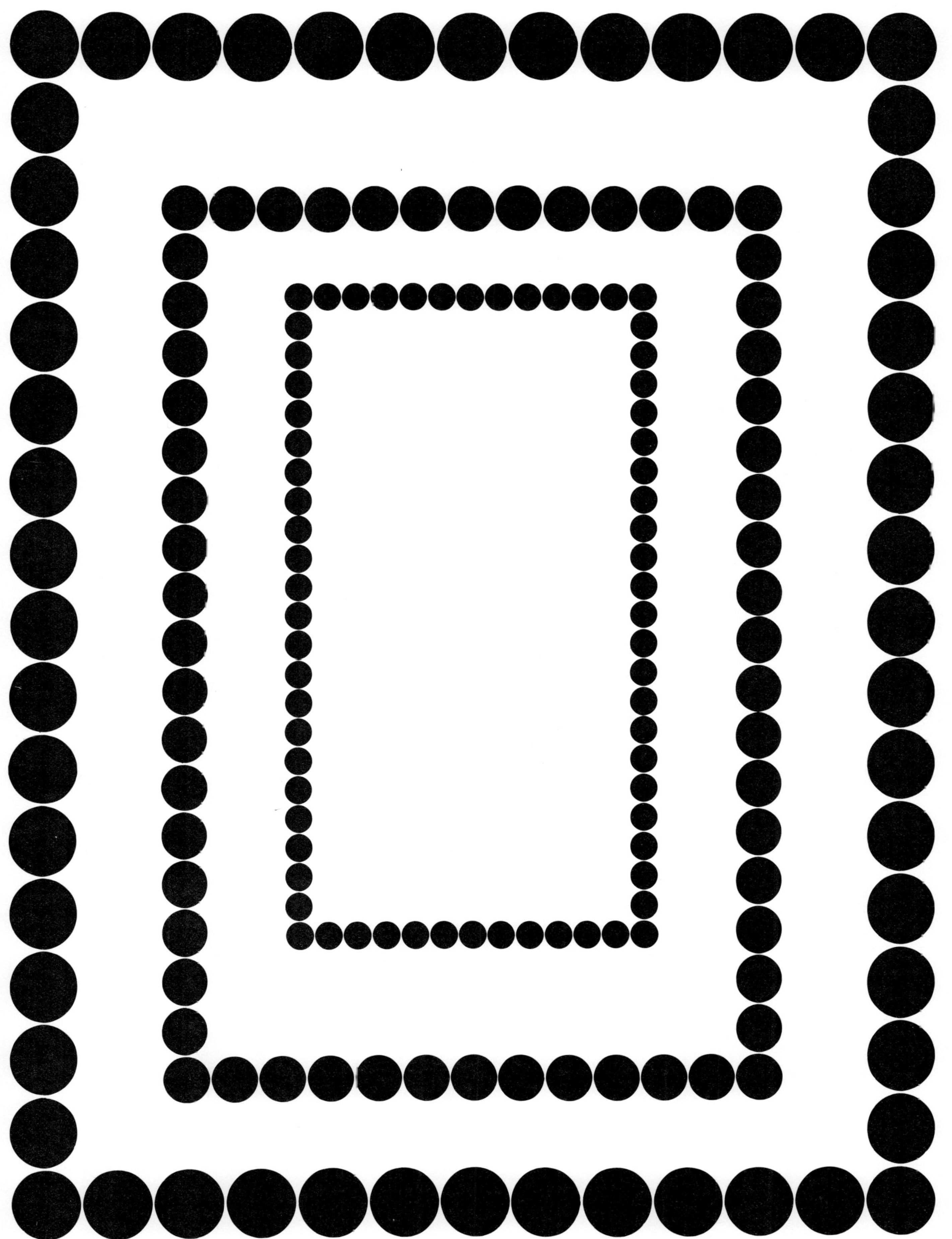

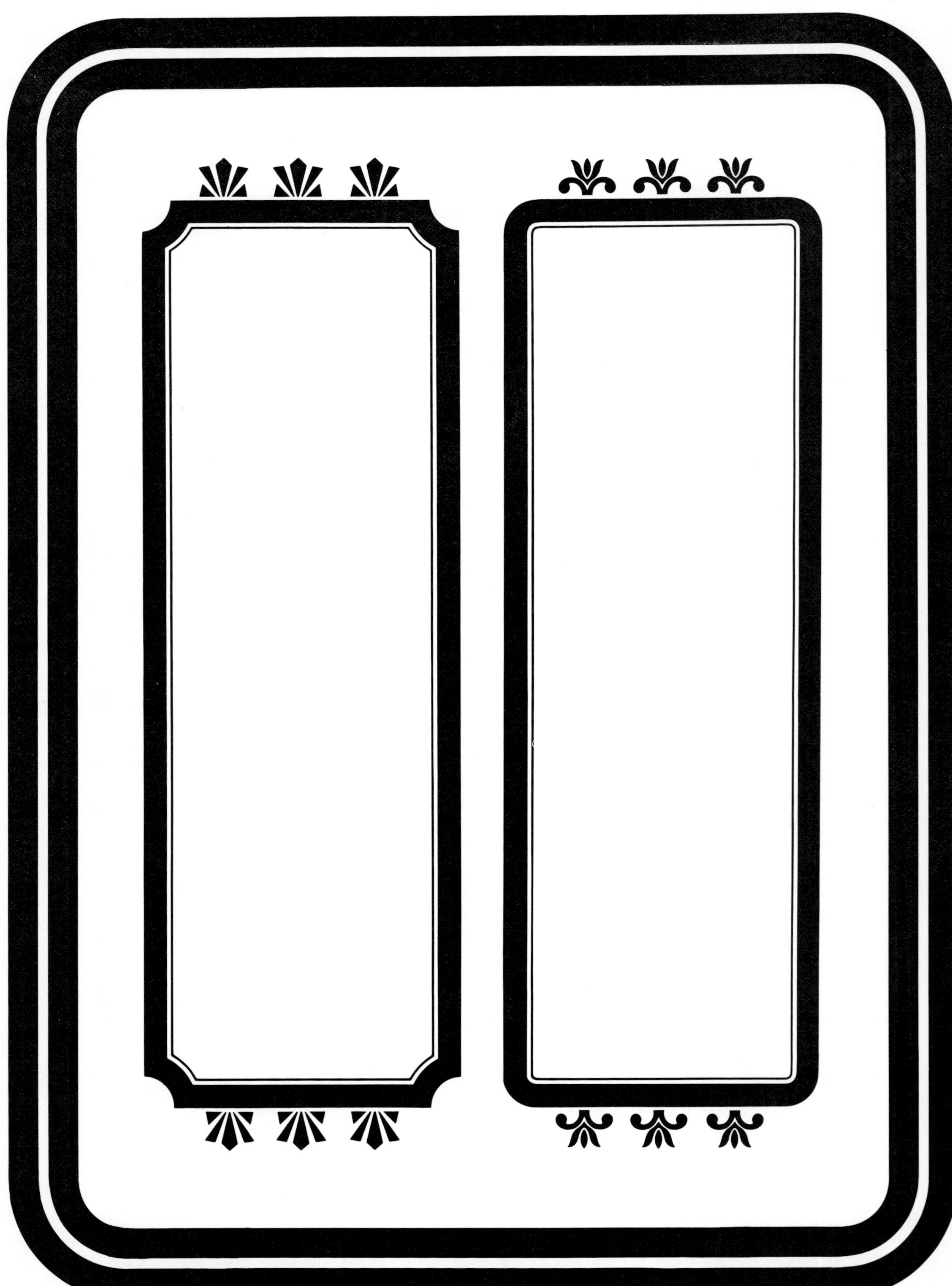

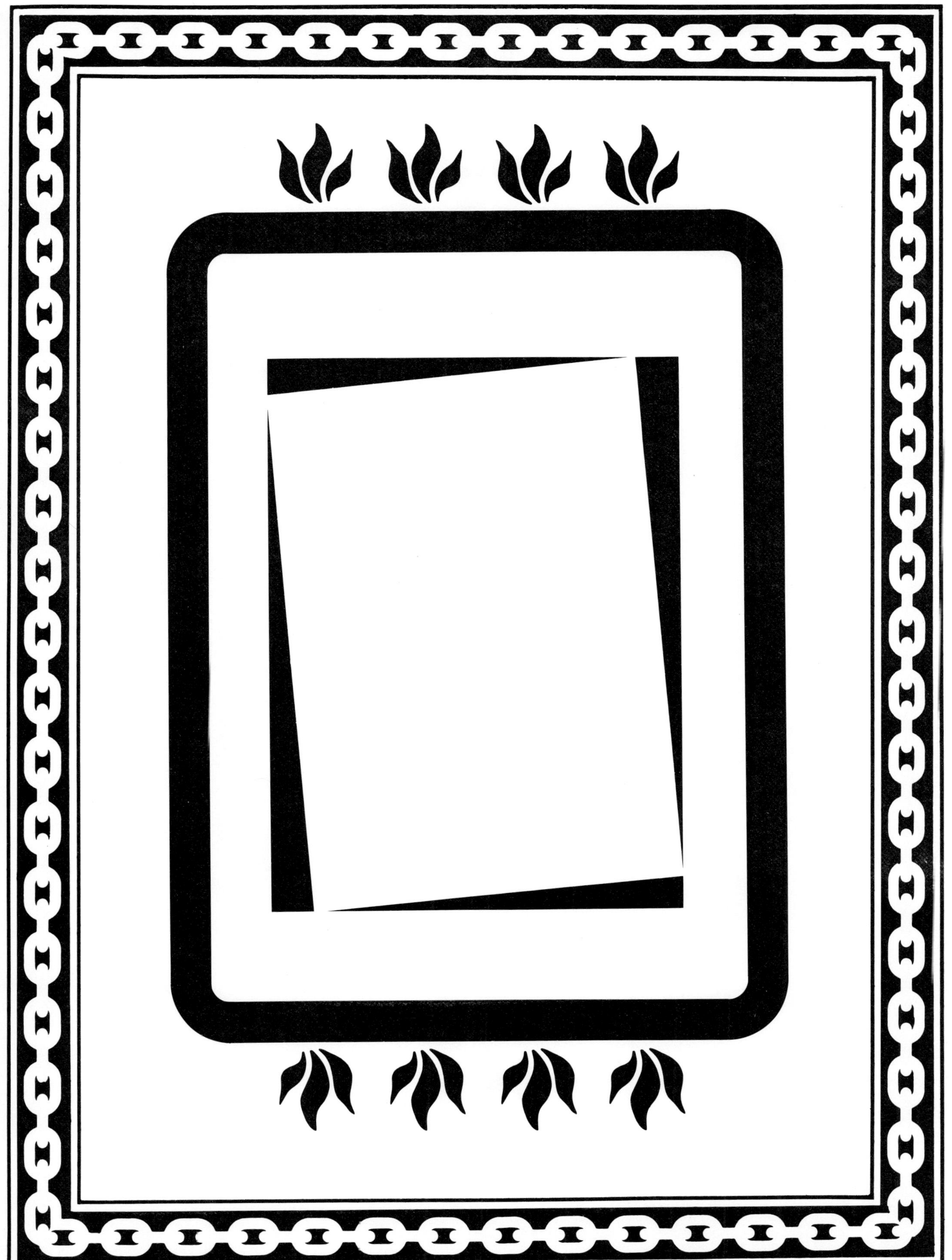

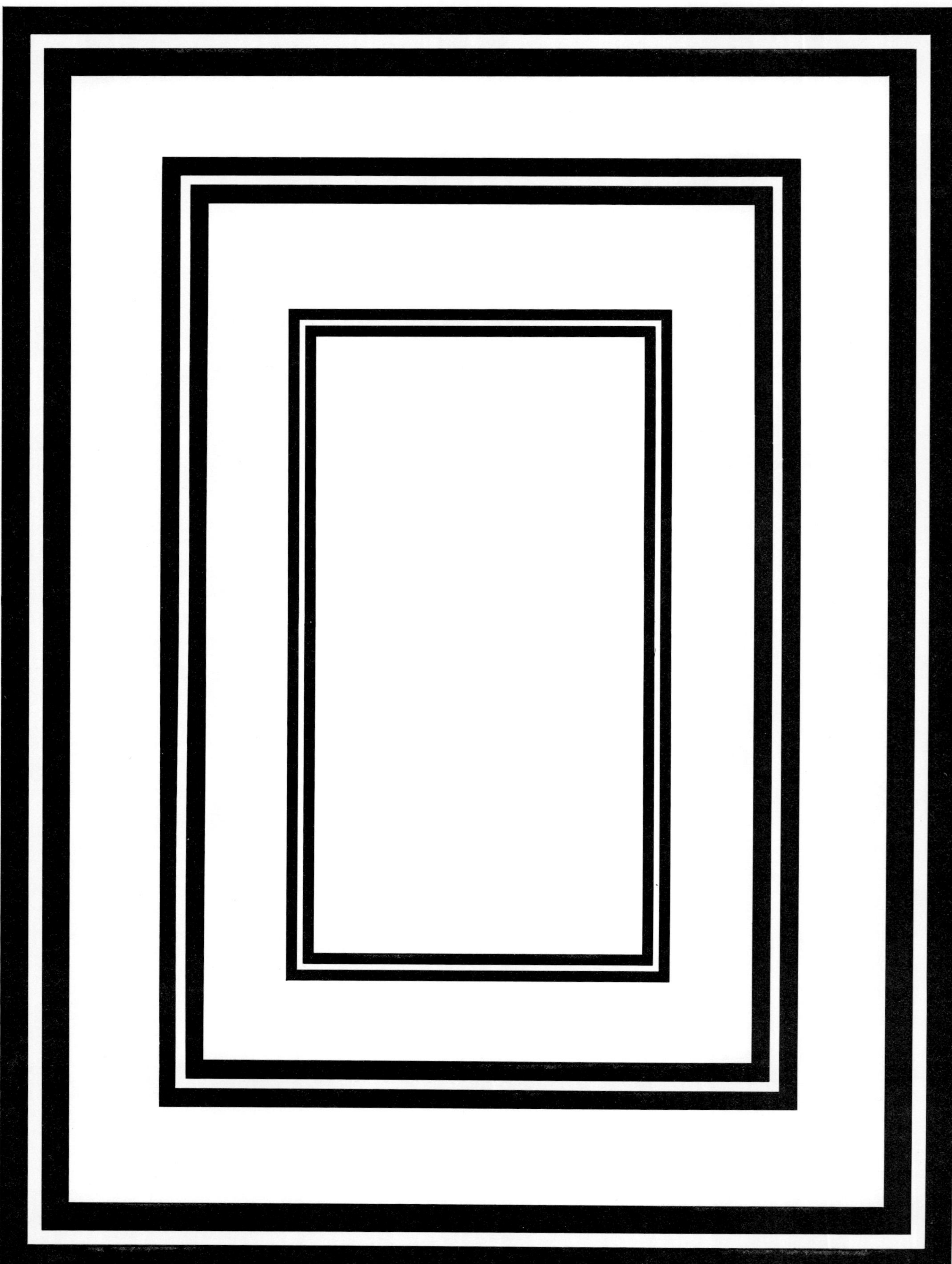

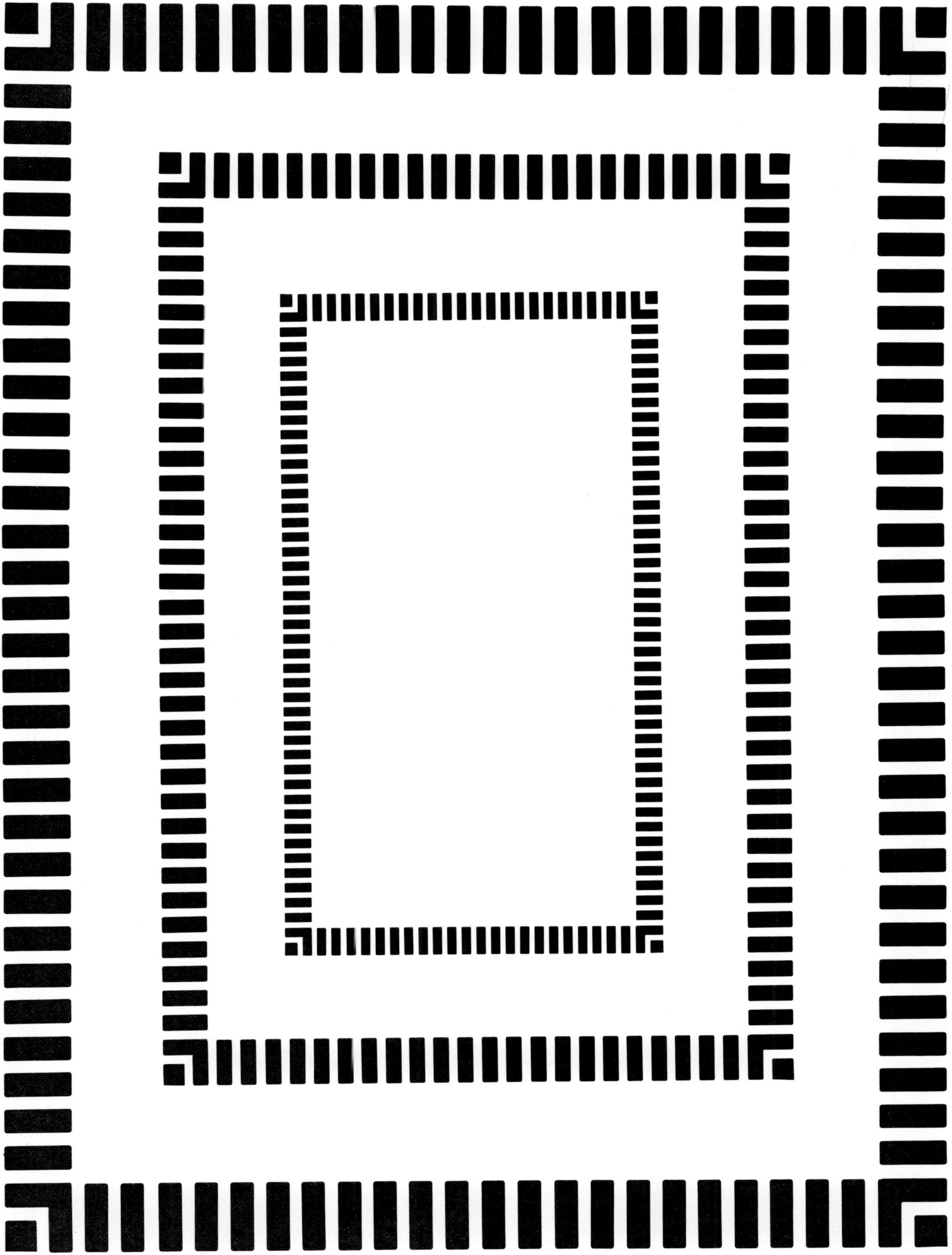

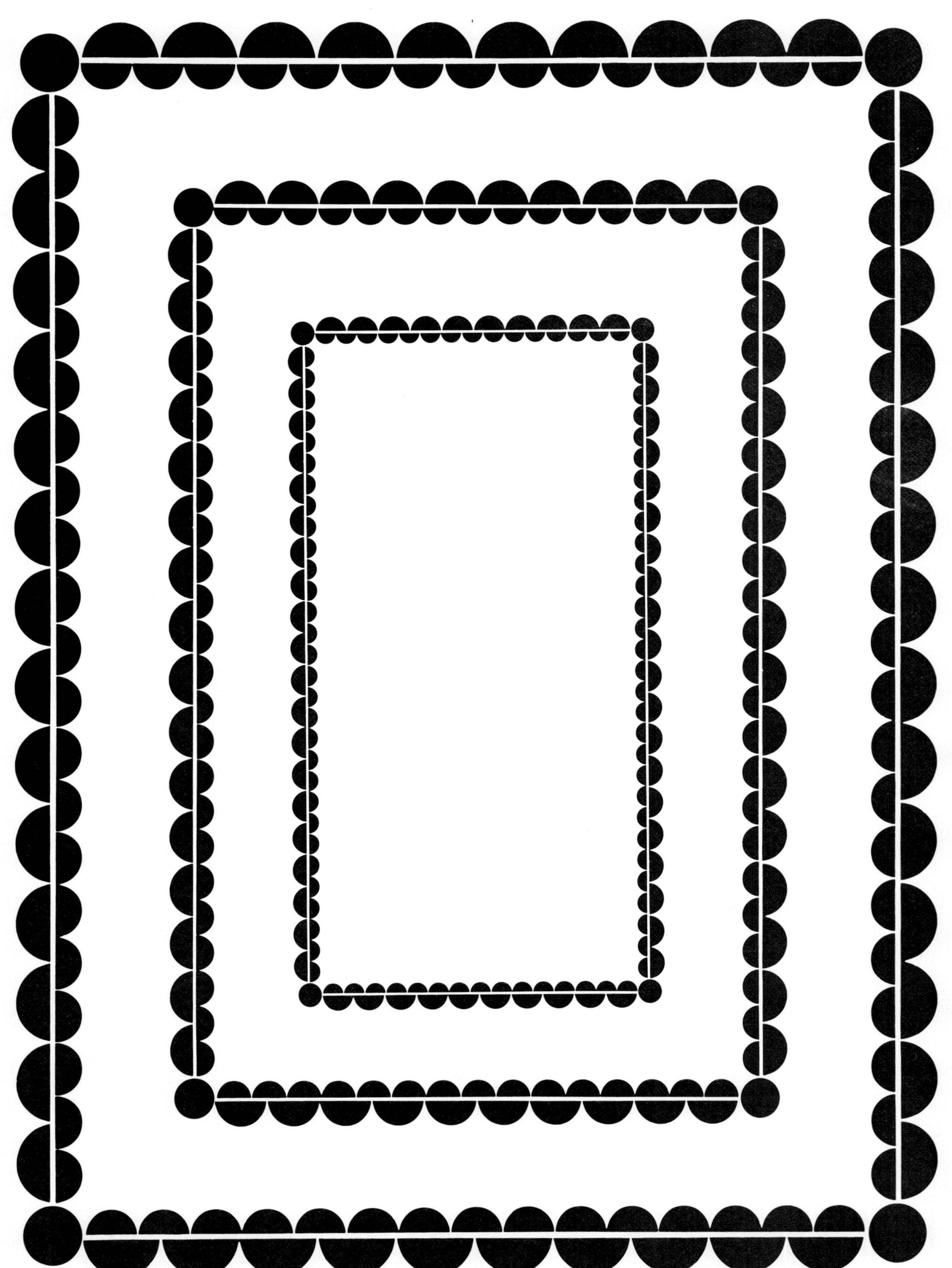

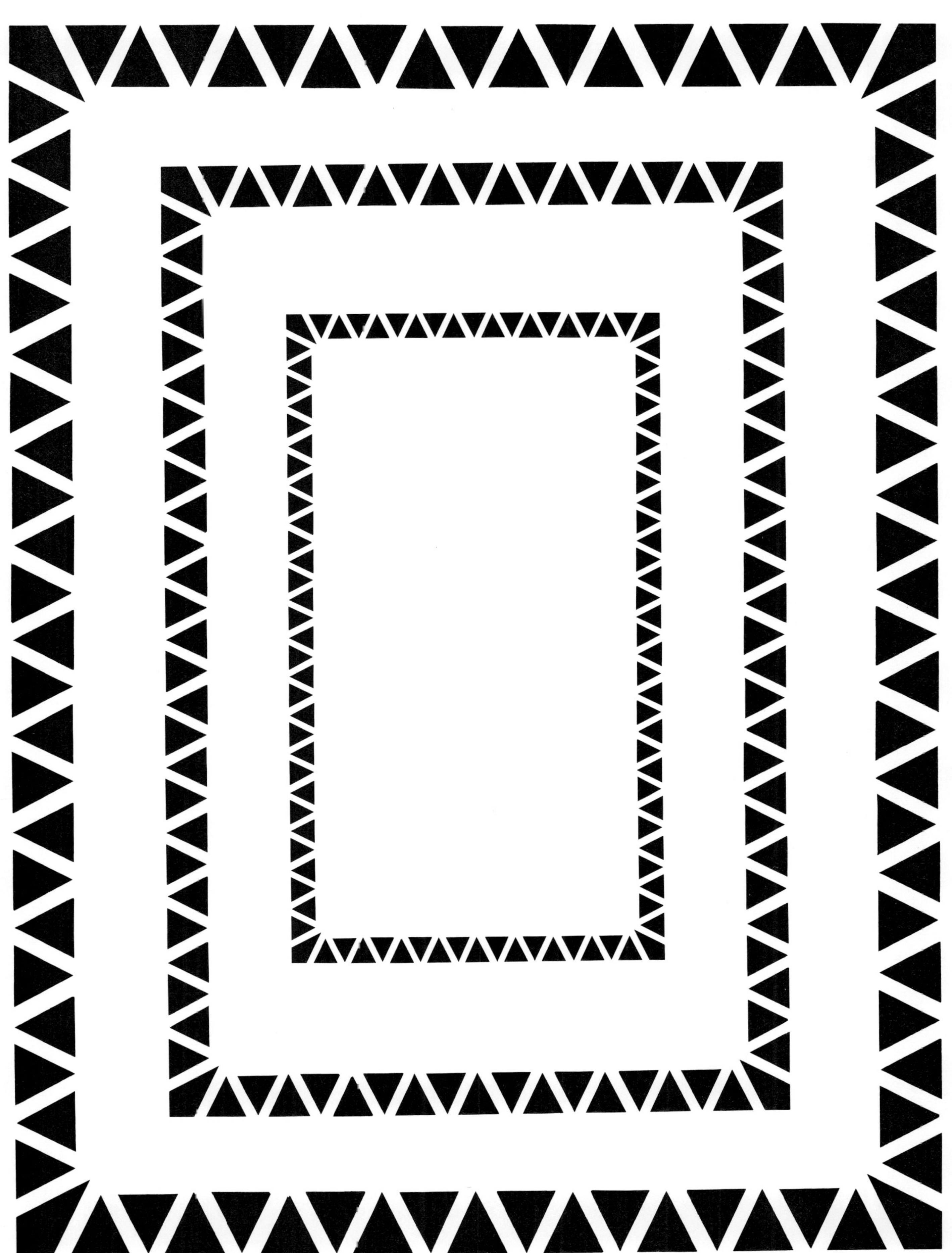

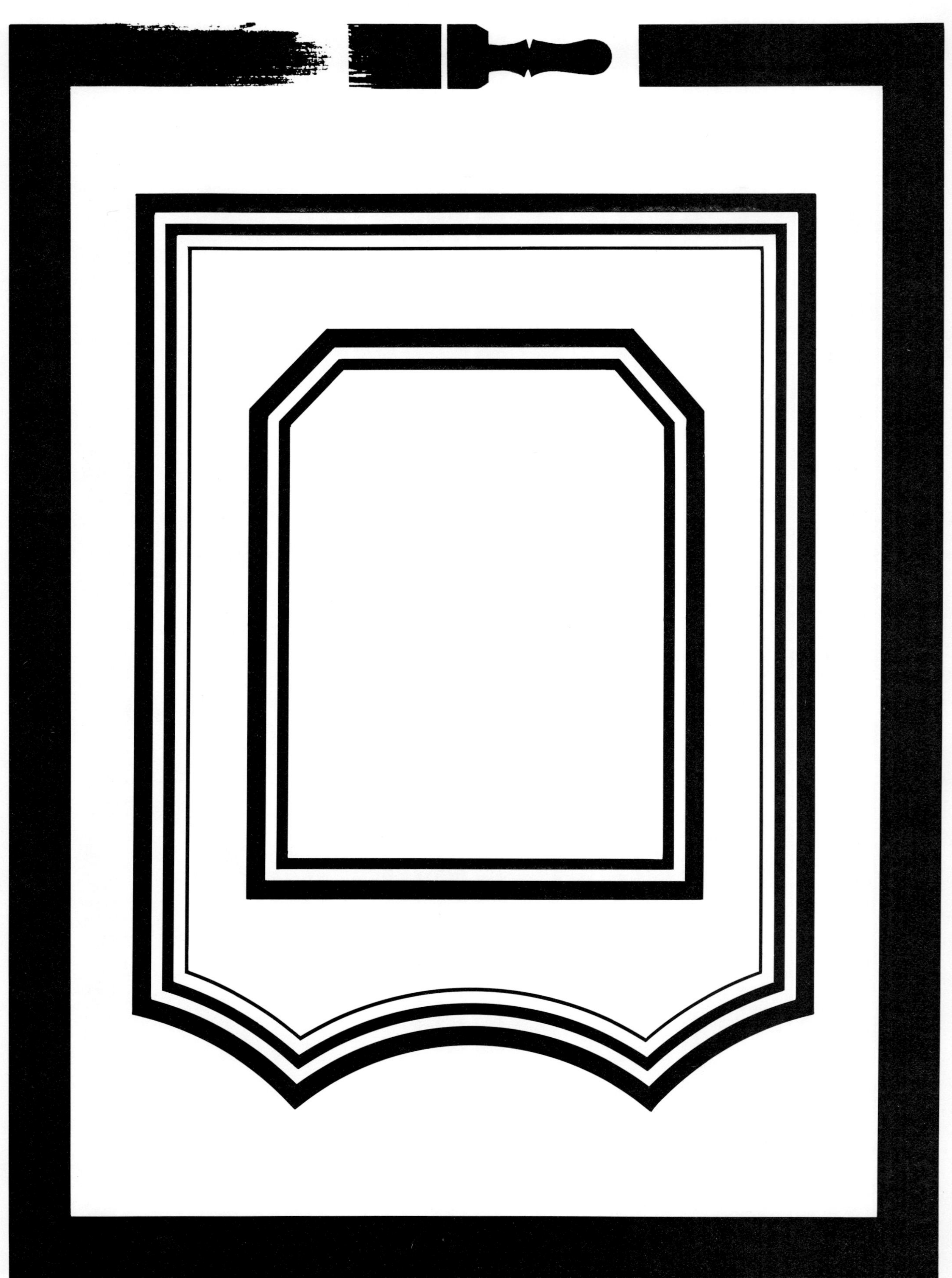

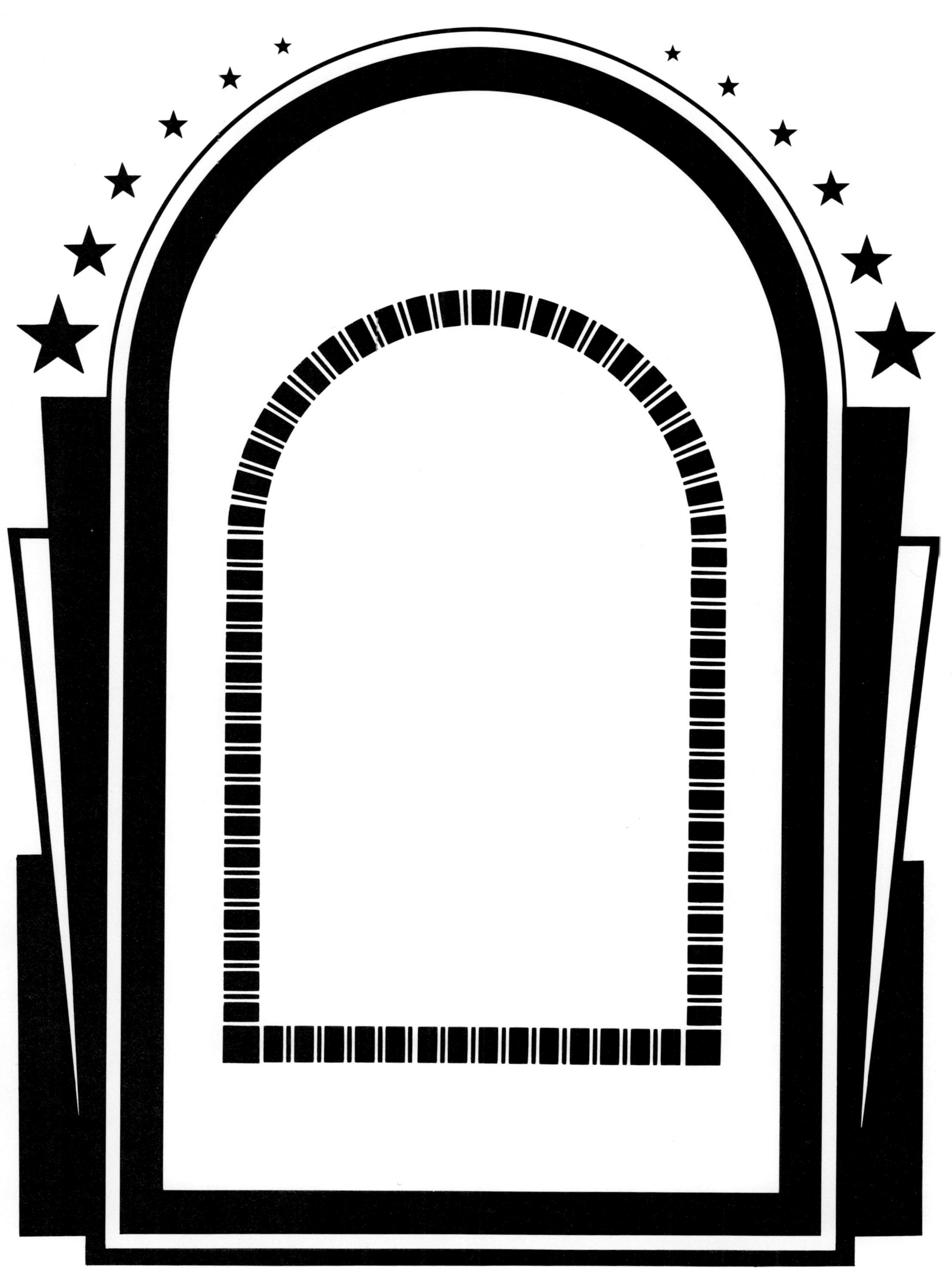

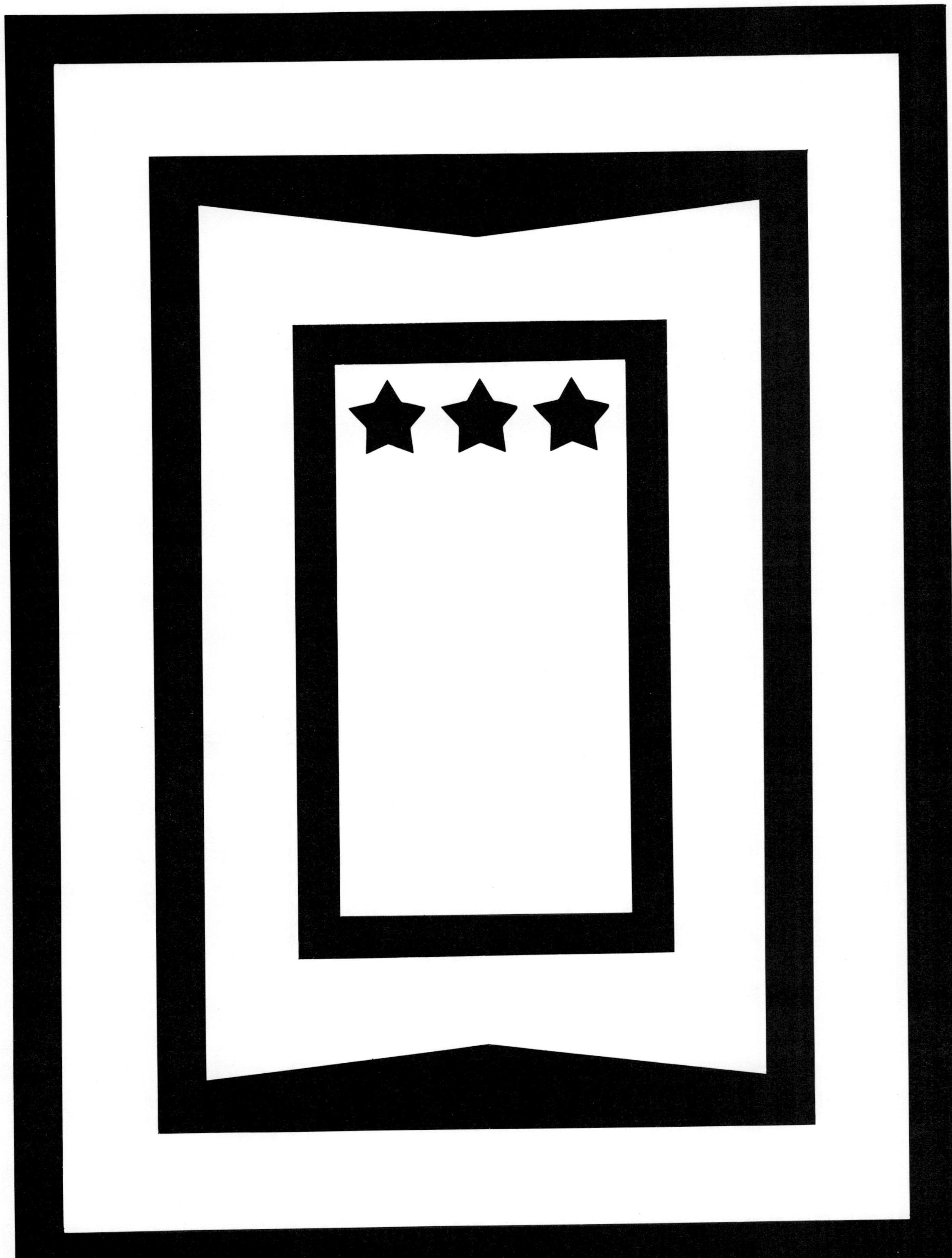

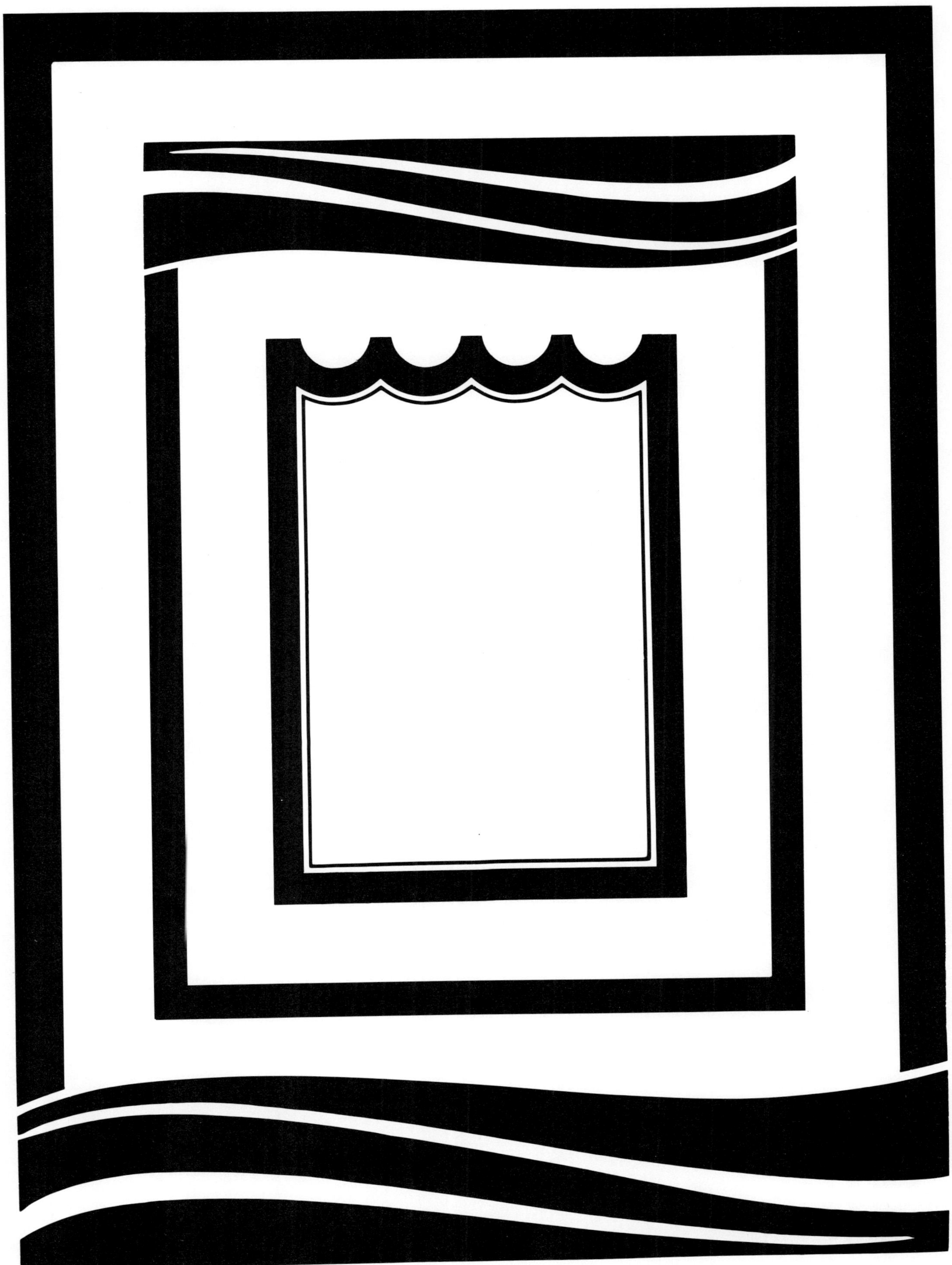

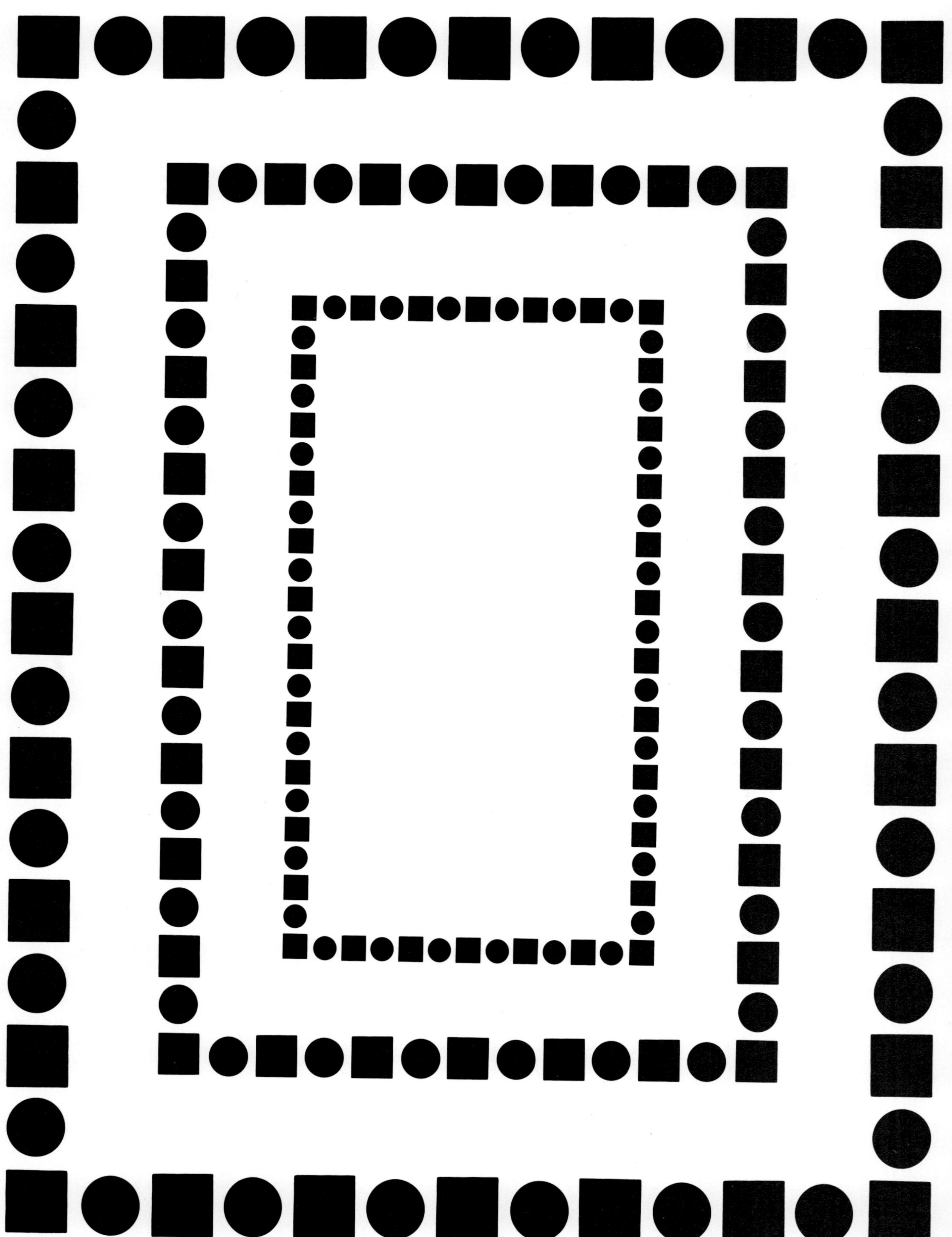

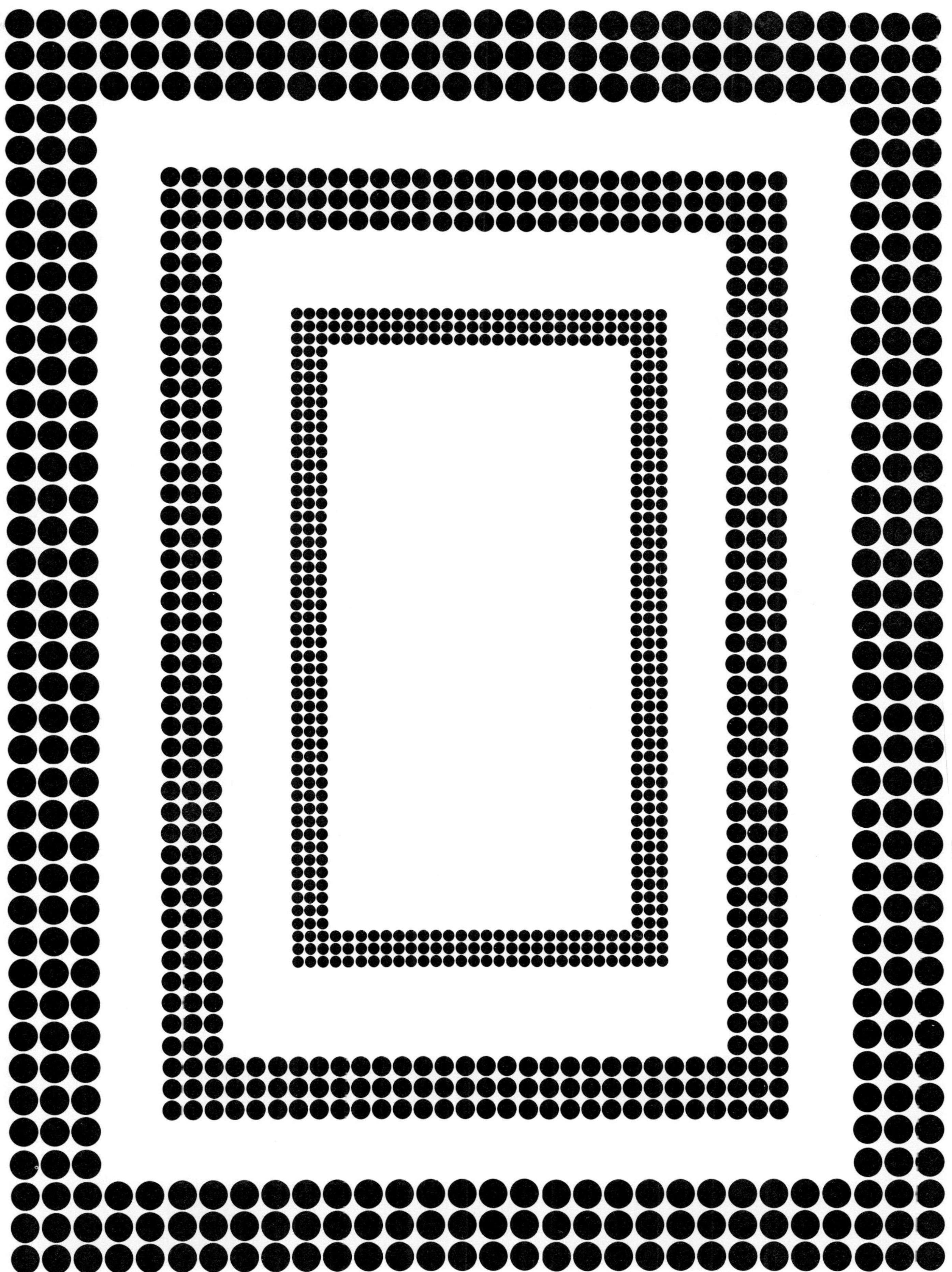

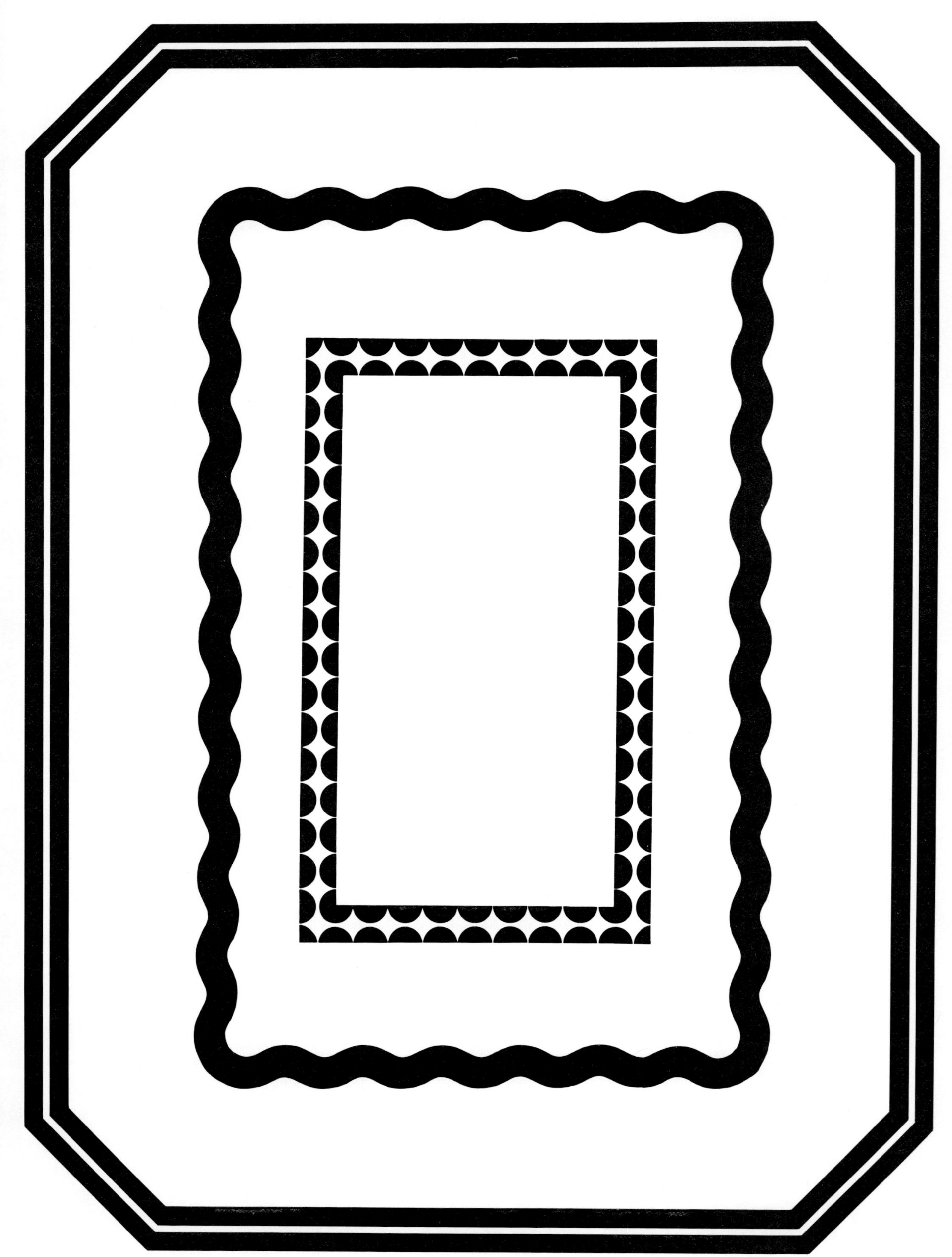

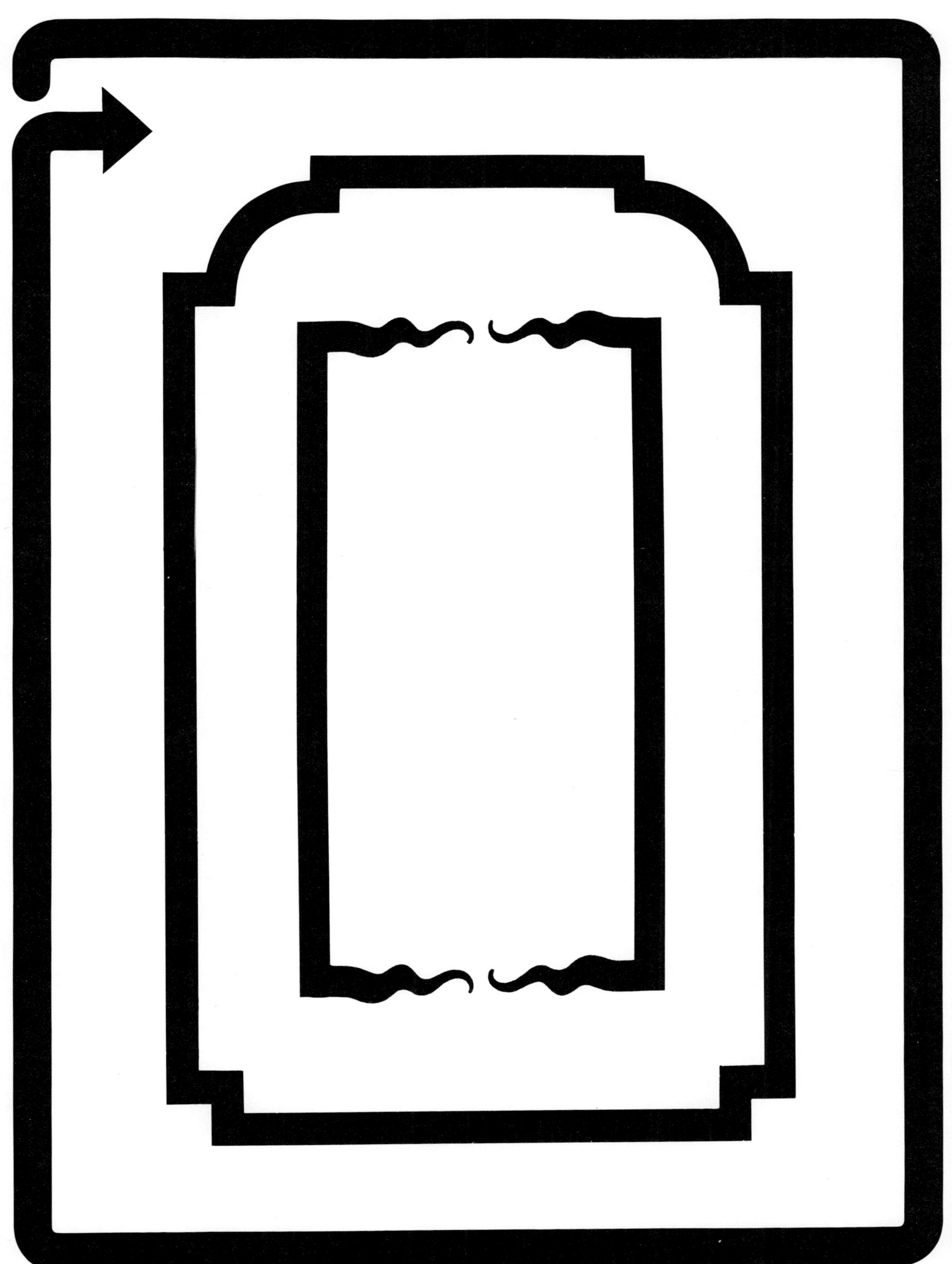

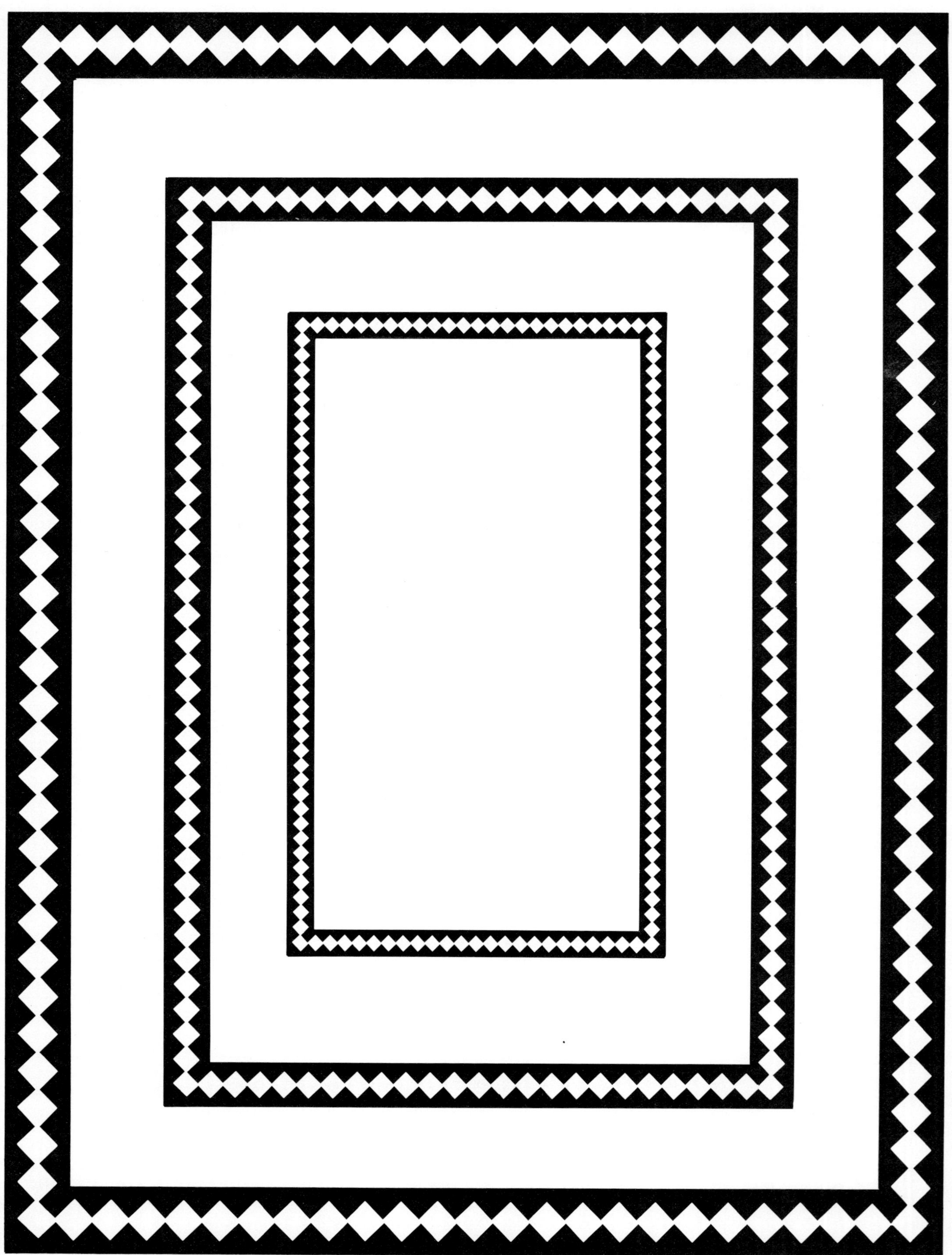

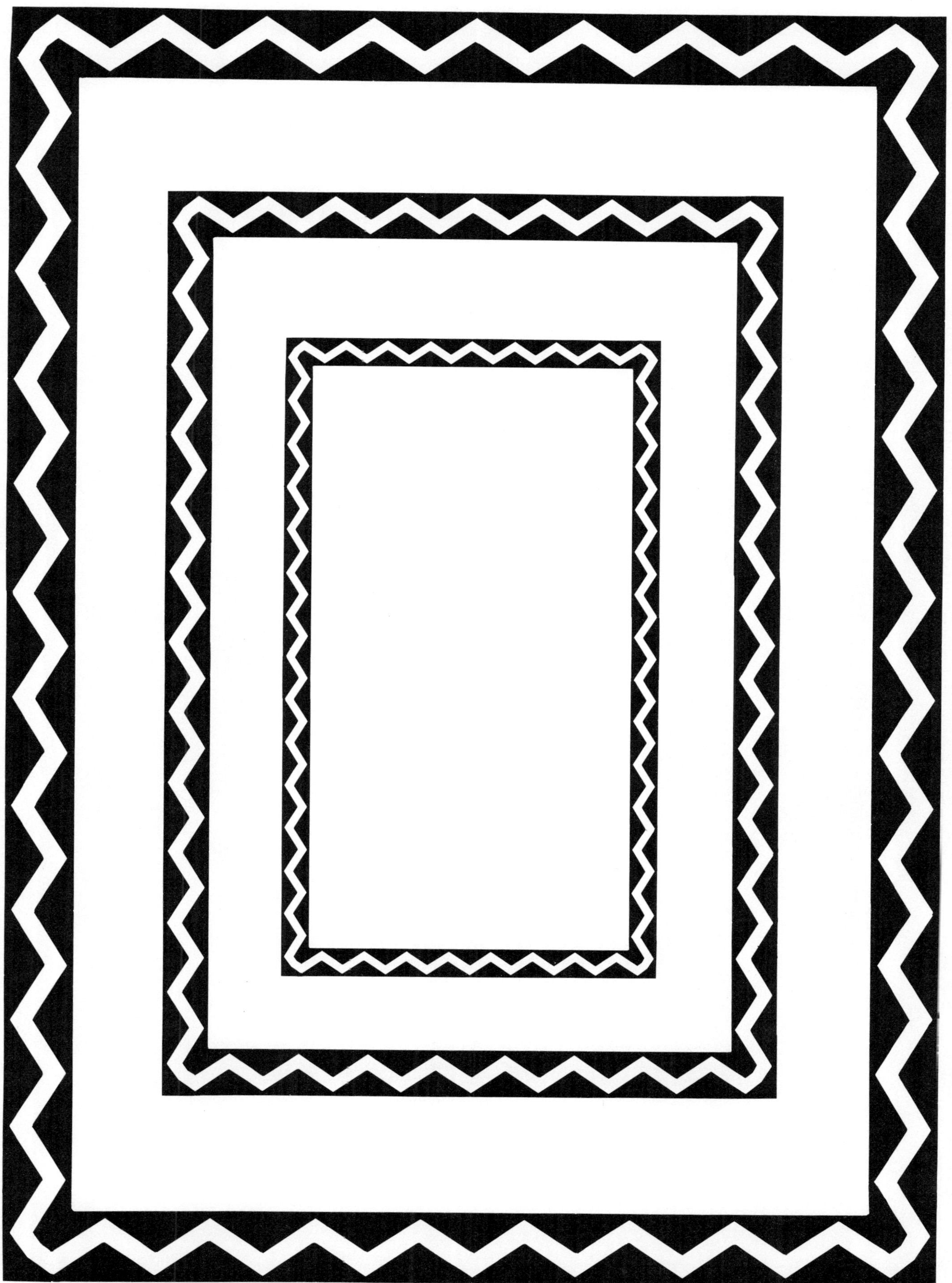

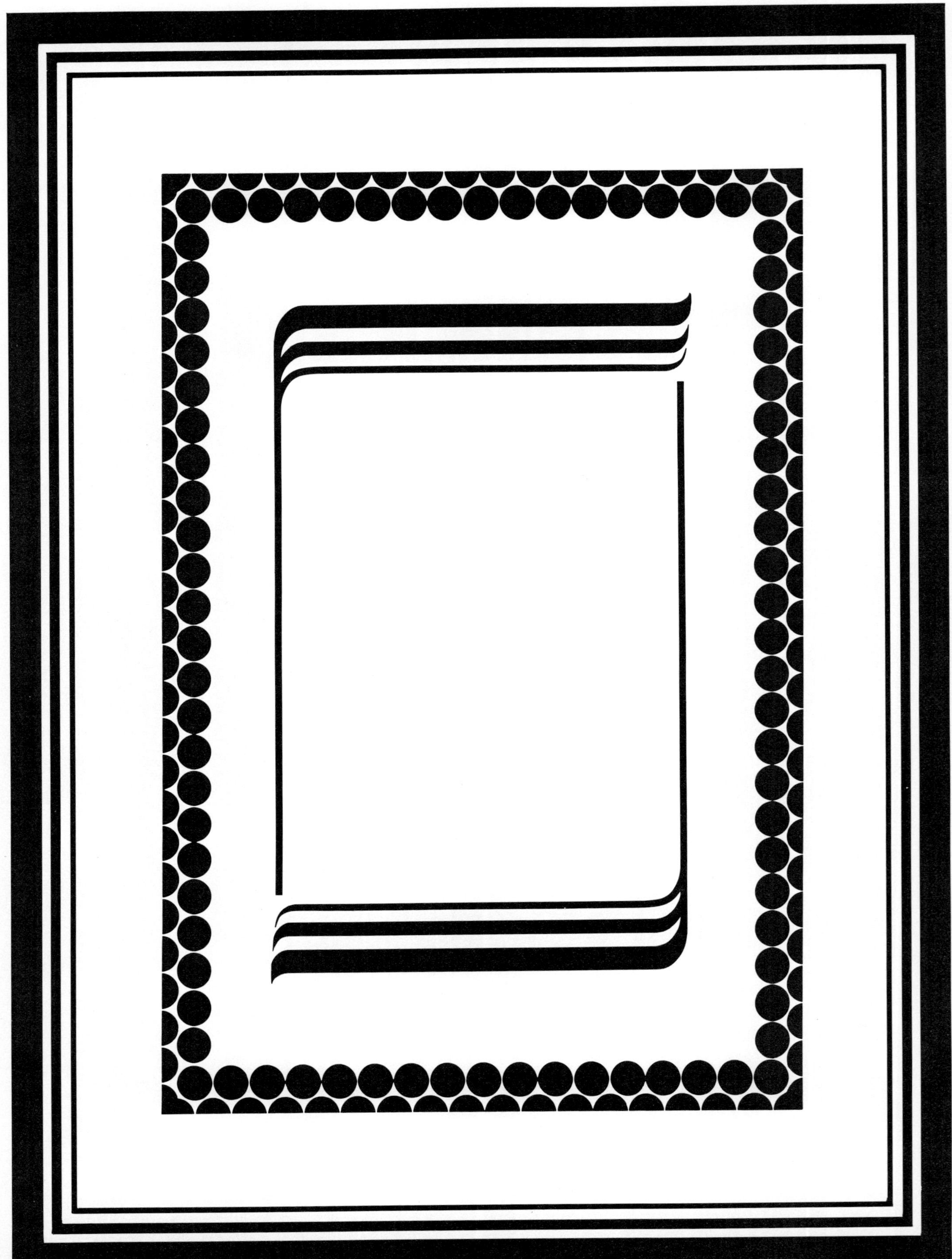

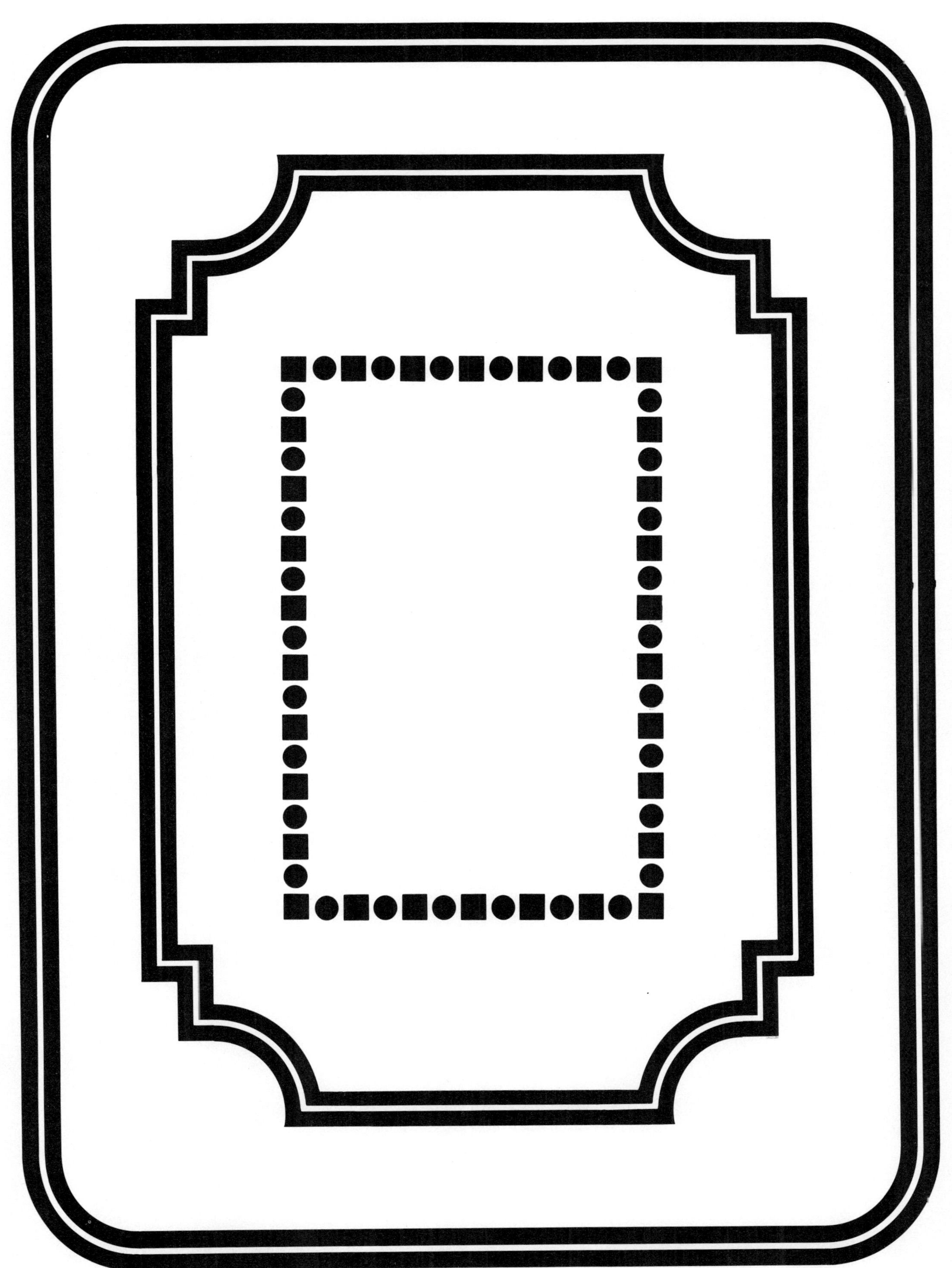